JAPON

Kaori et Kiyoko Endo

JAPON

cuisine intime et gourmande

PHOTOGRAPHIES

Iris L. Sullivan

Éditions
de La Martinière

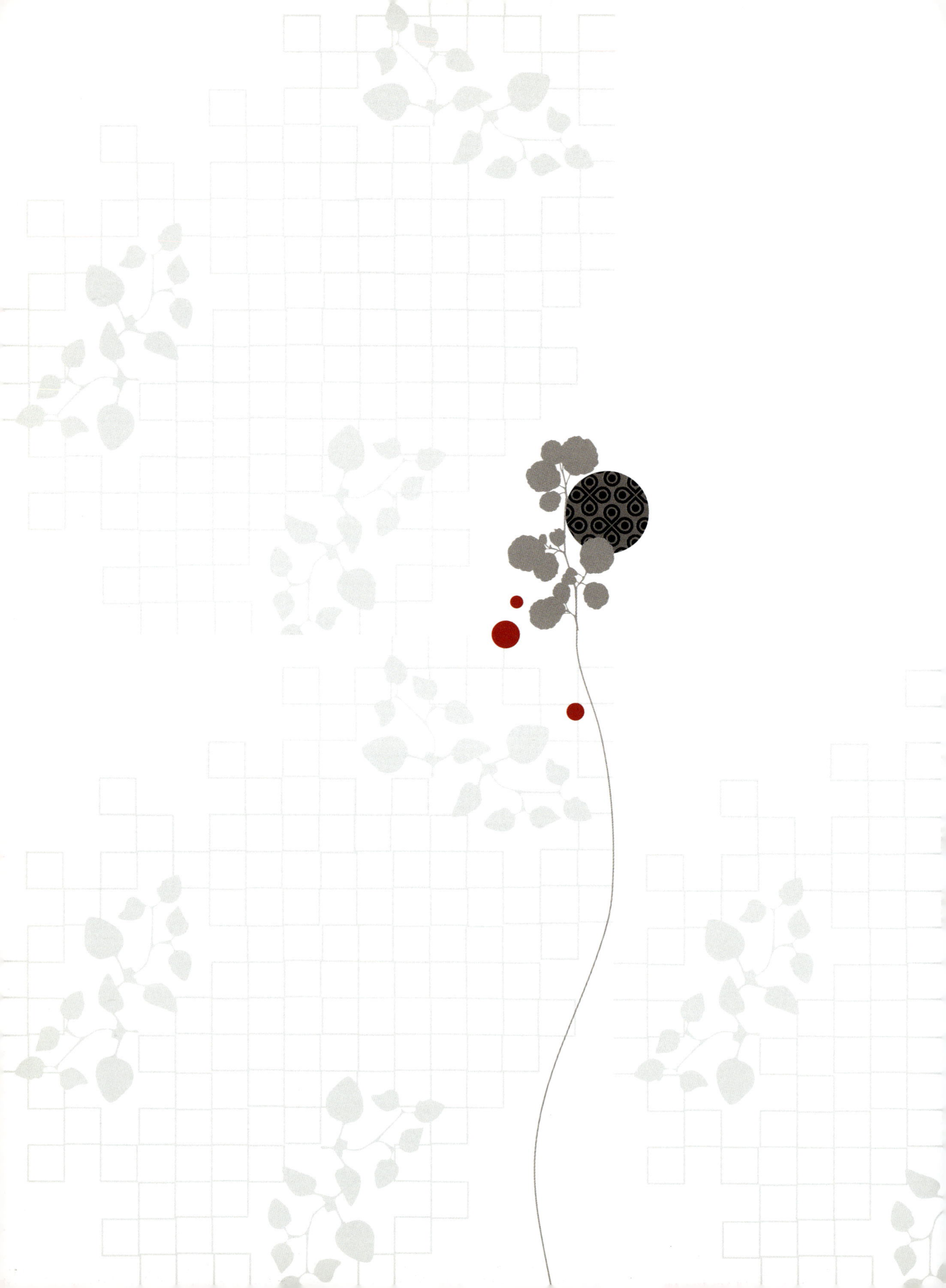

sommaire

LA CUISINE DE TOUS LES JOURS

ON NE PEUT PAS PARLER DE LA CUISINE JAPONAISE SANS ÉVOQUER EN PREMIER LE RIZ ET LE DASHI, CES DEUX INGRÉDIENTS FONDAMENTAUX DE TOUTES LES RECETTES FAMILIALES.

LES PRODUITS DE BASE

Le riz est la source de l'inspiration ; il est au centre du repas, le point de départ pour la composition d'un menu. Le dashi, lui, sert à parfumer et à donner corps à ces nombreux « à-côtés », qui vont de la soupe au plat mijoté, en passant par la salade.

Lorsque mes frères et moi allions à l'école, les journées de notre mère commençaient très tôt, car elle devait nous préparer nos petits déjeuners et nos *bentô*, le pique-nique. La première chose qu'elle faisait en descendant à la cuisine était de mettre en marche le *rice-cooker*. Le riz, qu'elle avait rincé et trempé la veille, nécessitait 45 minutes de cuisson, ce qui lui donnait le temps de préparer les *okazu*, les accompagnements. Lorsqu'enfin toute la famille se réunissait autour de la table, notre mère restait seule debout pour finir de garnir nos boîtes à *bentô*. Il m'est parfois arrivé d'être réveillée la nuit par le bruit que faisait ma mère lorsqu'elle rinçait le riz dans la cuisine. Le frottement des grains et de l'eau entre ses paumes me berçait et me rassurait. Le matin, j'avais plaisir à ouvrir les yeux dans une chambre qui embaumait le parfum subtil du riz en train de cuire. Le riz est ainsi au Japon, omniprésent.

Le riz

POUR 4 PERSONNES

50 cl de riz japonais
60 cl d'eau
1 casserole à fond épais
ou 1 rice-cooker

* **Conseil de ma mère**

Pour éviter que le riz brunisse et attache au fond de la casserole, il est préférable de le transférer dans un autre récipient avant l'étape 7.

1. Versez le riz dans un saladier que vous remplissez d'eau froide tout en tournant avec une main. Puis videz doucement l'eau en prenant soin de ne pas faire couler le riz. Répétez ce pré-rinçage trois fois.
2. Frottez les grains de riz entre eux pour les débarrasser de leur amidon. Rincez à nouveau. Répétez cette opération trois fois.
3. Pour finir, rincez le riz en changeant l'eau deux ou trois fois comme dans l'étape 1. L'eau doit être presque transparente. Égouttez le riz dans une passoire.
4. Transférez le riz dans une casserole ou un *rice-cooker*. Versez l'eau, couvrez et laissez tremper au moins 30 minutes. Si vous possédez un *rice-cooker*, mettez-le en marche et passez directement à l'étape 7. Sinon, ôtez le couvercle de la casserole et mettez-la à chauffer à feu moyen.
5. Lorsque l'eau frémit, tournez rapidement le riz à l'aide d'une spatule en bois pour casser les grumeaux. Puis cessez de tourner pour éviter que le riz devienne pâteux.
6. Couvrez, baissez le feu au minimum et laissez cuire pendant 15 minutes.
7. Mélangez très délicatement le riz avec une spatule en bois. Couvrez avec un torchon propre, posez le couvercle pardessus. Laissez reposer pendant 15 minutes.

Le **dashi**, c'est le fond de base dans la cuisine japonaise. Il est pour nous ce qu'est le fond de volaille ou de veau pour la cuisine française.

Dashi de base Le dashi le plus basique est celui au kombu et au katsuobushi. Le katsuobushi est un filet de bonite que l'on a cuit à l'eau, fumé, séché puis fait fermenter ; un processus de fabrication qui peut prendre six mois. Autrefois, chaque foyer disposait d'un rabot à katsuobushi, qui servait à préparer les copeaux chaque fois qu'on en avait besoin. Aujourd'hui, on l'achète en sachet.

Le dashi

POUR 4 PERSONNES

Pour 900 ml
1 l d'eau
10 g de kombu
30 g de copeaux de katsuobushi

1. Mettez à tremper le kombu dans une casserole d'eau pendant 30 minutes.
2. Faites chauffer la casserole à feu moyen en veillant à retirer le kombu juste avant que l'eau se mette à bouillir. Si vous laissez le kombu trop longtemps, il donnera de l'amertume au dashi.
3. Ajoutez les copeaux de katsuobushi dans le bouillon et retirez du feu aussitôt.
4. Attendez que les copeaux de katsuobushi descendent au fond de la casserole avant de filtrer l'eau infusée à travers une passoire tapissée d'un linge.

* Conseil de ma mère

Si votre kombu est couvert d'une poudre blanchâtre, ne le lavez surtout pas, ce sont des cristaux d'umami. Essuyez-le légèrement avec un tissu propre. Le dashi ainsi préparé se conserve trois jours au réfrigérateur. Pensez à le congeler dans un moule à glaçons. Ces glaçons sont très utiles quand on a besoin d'une petite dose de dashi pour préparer une marinade ou une sauce, par exemple. Il serait dommage de jeter le kombu après utilisation. Je le stocke dans le congélateur jusqu'à ce que j'en ai assez pour préparer un tsukudani, une sorte de confiture sucrée-salée. Je coupe alors le kombu en petits carrés que je fais cuire à feu doux dans un mélange de saké, de sauce soja et de sucre. Les jours de paresse, vous pouvez prendre du dashi instantané. Il en existe en granulés ou en liquide concentré à diluer dans de l'eau.

Contrairement au bouillon français que l'on fait mijoter pendant des heures avec des aliments très divers, le dashi ne nécessite que quelques minutes de cuisson et se prépare avec un ou deux ingrédients : le kombu (algue comestible), le katsuobushi (filet de bonite séché, fumé et fermenté) ou le hoshi-shiitake (champignon shiitake séché), qui sont des produits extrêmement riches en acides aminés. Peut-être que la préparation du dashi est rapide et simple, mais elle ne pourrait se faire sans ces produits séchés qui sont le fruit d'un long travail en amont.

二、九〇〇
京都・錦市場
島本海苔乾物(株)
☎075-211-0291
ホームページ http://
www.shimamotonori
-kanbutsu.co.jp
鹿児島産
鹿児島産
三、七五〇
京都・錦市場
島本海苔乾物(株)
☎075-211-0291
ホームページ http://
www.shimamotonori
-kanbutsu.co.jp

FUKUSAÏ

LES À-CÔTÉS, LES SOUPES ET LES PETITS PLATS

On dit au Japon qu'un repas modèle (*ichijû issai*) se compose d'une soupe et d'un plat, en plus du riz. Lorsque ma mère était enfant, il s'agissait le plus souvent de petits plats à base de légumes ou d'algues. Aujourd'hui, il est fréquent qu'un repas comporte une soupe et deux plats (*ichijû nisai*). Ainsi, en plus du riz, de la soupe miso et du plat de légumes, on prépare un plat riche en protéines, à base de viande ou de poisson.

Les soupes et les petits plats à base de légumes sont les « à-côtés » de la cuisine familiale japonaise. Si certains d'entre eux accompagnent la table tout au long de l'année, d'autres varient selon les saisons et les produits du marché.

白こがね味噌
信州こがね味噌
長期熟成信州赤味噌
¥890
¥1,625
¥2,990
500g ¥840
1kg ¥1,595
2kg ¥2,780
500g ¥995
1kg ¥1,730
2kg ¥3,200

Cette soupe est pour nous ce qu'est le potage poireaux-pommes de terre à la cuisine française, c'est-à-dire la plus simple de toutes les soupes miso. L'algue wakame est disponible sous différentes formes, il est cependant plus simple de l'acheter prédécoupée et séchée. Pour le miso, je vous conseille d'en tester plusieurs pour trouver celui qui vous convient. Une fois que vous saurez préparer cette soupe, vous pourrez varier les ingrédients.

TÔFU TO WAKAME NO MISOSHIRU

Soupe miso
au tôfu et au wakame

POUR 4 PERSONNES

800 ml de dashi
300 g de tôfu
3 cuil. à soupe de wakame séché
3 à 4 cuil. à soupe de miso
1 blanc de poireau fin

1. Faites chauffer le dashi dans une casserole à feu vif avec le tôfu découpé en petits cubes et le wakame séché.
2. Dès que l'eau bout, baissez le feu et retirez l'écume à l'aide d'une louche.
3. Ajoutez le miso. Pour qu'il se dilue sans faire de grumeaux, placez-le dans une petite passoire que vous plongez dans le dashi et écrasez-le au pilon. Vous pouvez aussi diluer le miso dans une louche de bouillon avant de l'incorporer. Ajustez l'assaisonnement.
4. Hors du feu, ajoutez le poireau émincé et servez aussitôt.

*** Conseil de ma mère**

Pour réussir les soupes miso, il est impératif d'ajouter le miso au dernier moment, une fois que tous les ingrédients sont cuits. Il ne doit pas bouillir, sinon il donne un drôle de goût à la soupe.

Pour ma mère, préparer la soupe miso est une affaire de tous les matins et de tous les soirs. La plupart du temps, elle regarde le contenu du réfrigérateur pour décider de la garniture. Il est rare qu'elle fasse des courses spécifiques pour ses soupes miso, mais pour les coquillages, c'est différent. Si je suis près d'elle à ce moment-là, avant de mettre le paquet de palourdes dans le Caddie, elle me demande toujours mon avis : « Ce soir, on fait une soupe miso aux coquillages ? », même si elle sait que la réponse est toujours « Oui ! ».

ASARI NO MISOSHIRU

Soupe miso aux palourdes

POUR 4 PERSONNES

600 ml d'eau
1 carré de kombu de 5 cm de côté
300 g de palourdes
1 cuil. à soupe de saké
2 cuil. à soupe de miso
1 botte de ciboulette

1. Laissez tremper le kombu dans une casserole d'eau pendant 30 minutes.
2. Faites chauffer la casserole à feu moyen en veillant à retirer le kombu juste avant que l'eau se mette à bouillir.
3. Ajoutez le saké et les palourdes que vous avez préalablement rincées. Laissez cuire à feu moyen jusqu'à ce qu'elles s'ouvrent.
4. Diluez le miso comme dans l'étape 3 de la recette précédente et retirez du feu aussitôt.
5. Ajoutez la ciboulette ciselée et dégustez sans attendre.

*** Conseil de ma mère**

On n'a pas besoin de dashi pour cette recette car les palourdes donnent suffisamment de goût au bouillon. Pour respecter la finesse de cette soupe, on met également moins de miso.

La sauce au sésame est l'équivalent de la vinaigrette dans la cuisine japonaise. Tout au long de l'année, on s'en sert pour assaisonner différents légumes, la plupart du temps cuits, pour préparer les *goma-ae*, des salades au sésame de toutes les couleurs. Riche en goût, le sésame relève la saveur des légumes et fournit des protéines qui, autrefois, manquaient dans l'alimentation des Japonais.

INGEN NO GOMA-AE

Haricots verts **sauce au sésame**

POUR 4 PERSONNES

200 g de haricots verts
40 g de graines de sésame (blanc ou noir, au choix)
1 cuil. à soupe de sucre
4 cuil. à soupe de dashi
2 cuil. à soupe de sauce soja
1 cuil. à café de sel pour la cuisson

1. Équeutez les haricots verts et coupez-les en deux ou trois. Si vous avez le temps, laissez-les tremper dans de l'eau froide pendant 10 minutes. Cela les rend plus croustillants.
2. Faites blanchir les haricots verts dans de l'eau bouillante salée pendant 2 à 3 minutes. Puis égouttez-les dans une passoire et rafraîchissez-les sous l'eau froide.
3. Faites griller à sec les graines de sésame dans une poêle à feu vif, sans les brûler. Puis laissez refroidir et écrasez dans un mortier ou passez au mixer.
4. Mélangez le sucre, le dashi, la sauce soja et les graines de sésame concassées.
5. Versez la sauce sur les haricots verts et ajustez l'assaisonnement.

*** Conseil de ma mère**

Pour cette recette, un glaçon de dashi suffira. Sinon, diluez une pincée de dashi en granulés dans la quantité d'eau chaude nécessaire.

KIRIBOSHI DAÏKON NO NIMONO

Parmi les nombreux légumes séchés, le kiriboshi daïkon est celui que ma mère cuisine le plus souvent. En séchant lentement au soleil d'hiver, il perd complètement son piquant pour gagner en douceur. C'est un aliment très diététique car pauvre en calories, et très riche en fer, en calcium et en fibres. Seulement réhydraté et rapidement blanchi, il accompagne à merveille une salade de sa texture croquante. Ma mère vous conseille plutôt de le mijoter dans un bouillon de volaille. C'est, je l'avoue, l'un de mes plats préférés.

Daïkon séché **mijoté au bouillon de volaille**

POUR 4 PERSONNES

50 g de kiriboshi daïkon (en vente dans les épiceries japonaises)
1 carotte
1 carré de kombu de 5 cm de côté
4 ailerons de poulet
1 cuil. à soupe d'huile végétale
2 cuil. à soupe de saké
1 cuil. à soupe de sucre
1 cuil. à soupe de mirin
2 cuil. à soupe de sauce soja

1. Dans un saladier, laissez tremper le kombu dans 500 ml d'eau pendant 30 minutes.
2. Rincez les kiriboshi daïkon à l'eau, puis laissez-les tremper dans de l'eau tiède pendant 15 minutes pour les réhydrater. Égouttez-les et pressez-les pour extraire le maximum d'eau. Découpez en lanières de 5 cm de longueur.
3. Coupez la carotte épluchée et le kombu réhydraté (gardez l'eau de trempage) en julienne.
4. Chauffez l'huile dans une casserole à feu vif et faites saisir l'aileron de poulet sur les deux faces. Réservez.
5. Mettez à la place les kiriboshi daïkon, la carotte et le kombu. Faites revenir pendant 2 minutes à feu moyen.
6. Remettez l'aileron. Versez l'eau de trempage du kombu, le saké, le sucre et le mirin. Portez à ébullition, écumez les impuretés, puis ajoutez la sauce soja.
7. Couvrez avec un couvercle plus petit que le diamètre de la casserole. Laissez mijoter à feu doux pendant 15 minutes.
8. Ajustez l'assaisonnement et servez.

*** Conseil de ma mère**

La technique du couvercle appelée «otoshi buta» *couvercle tombé* est fréquemment employée pour la cuisson des plats braisés ou mijotés. Cela permet aux ingrédients de cuire rapidement dans peu de bouillon ou d'éviter de flotter. Si vous laissez le bouillon reposer avant de servir, il n'en sera que meilleur.

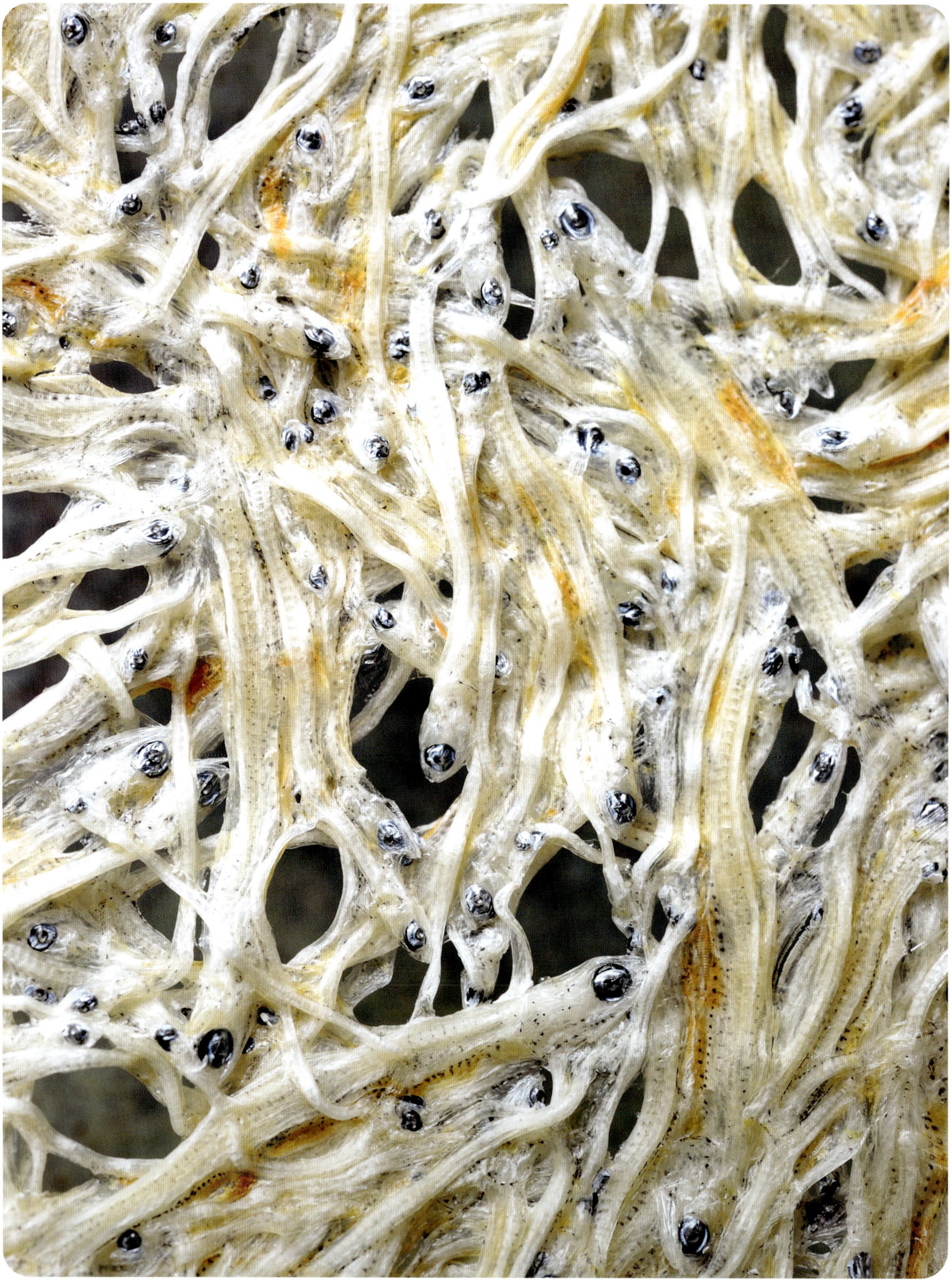

Les aliments séchés, les *kanbutsu*, sont très présents dans la cuisine japonaise. Autrefois, chaque ville possédait au moins une boutique spécialisée appelée *kanbutsuya*, qui proposait des produits séchés en provenance de la mer et de la terre (poissons, fruits de mer, algues, légumes, tôfu ou fruits). Aujourd'hui, ces boutiques ont été remplacées par les supermarchés, mais les *kanbutsu* n'ont pas disparu des tables familiales pour autant. Au contraire ! Lassés par l'abondance du marché liée à la mondialisation, les Japonais se recentrent sur leur propre culture et leurs traditions culinaires. Et on célèbre le grand retour des *kanbutsu* ! Faciles à stocker et bon marché, ils ont aussi d'importantes qualités nutritionnelles et gustatives.

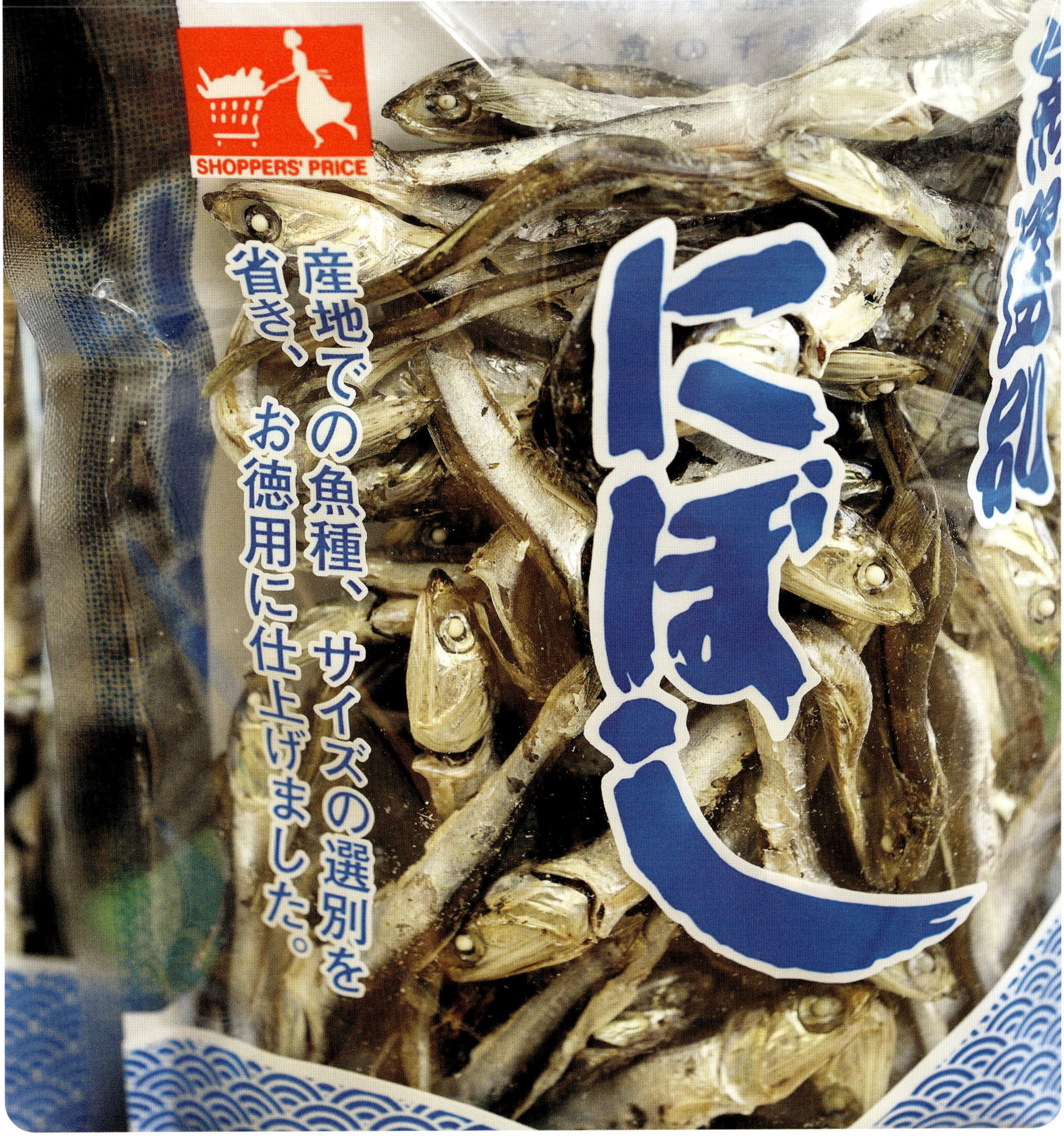

Le **hijiki** est une algue particulièrement riche en minéraux. Il est considéré, depuis toujours, comme un secret de longévité. Ce n'est pas un hasard si le 15 septembre, jour dédié au respect des personnes âgées au Japon, est appelé le jour du hijiki ! Il existe deux sortes de hijiki dans le commerce : mehijiki et nagahijiki. Le premier est plus petit et a des extrémités pointues, le second est plus long et plus dodu. Ils ont le même goût et la même qualité nutritionnelle parce qu'il s'agit en fait du germe et des tiges de la même algue. C'est donc à vous de choisir.

HIJIKINI

Hijiki mijoté au tôfu frit

POUR 4 PERSONNES

- 50 g de hijiki séché
- 1 carotte
- 2 tôfu frits (abura-age)
- 500 ml de dashi
- 3 cuil. à soupe d'huile végétale
- 2 cuil. à soupe de saké
- 2 à 3 cuil. à soupe de sucre
- 4 à 5 cuil. à soupe de sauce soja

1. Laissez tremper les algues hijiki dans un saladier rempli d'eau tiède pendant 15 minutes pour les réhydrater. Versez-les dans une passoire, puis rincez-les sous l'eau courante. Laissez égoutter.
2. Épluchez la carotte et taillez-la en julienne, en veillant à ce que les bâtonnets de carotte soient de la même taille que les hijiki. Coupez également les tôfu frits en julienne.
3. Faites chauffer l'huile dans une casserole à feu moyen puis faites revenir les hijiki, la carotte et les tôfu frits pendant 2 minutes.
4. Versez le dashi et le saké puis ajoutez le sucre. Portez à ébullition, écumez les impuretés, puis ajoutez la sauce soja. Laissez mijoter à feu doux et à découvert pendant 15 minutes.
5. Ajustez l'assaisonnement et servez.

*** Conseil de ma mère**

Lorsque vous préparez un plat mijoté comme celui-ci, ajoutez le sucre et la sauce soja au fur et à mesure, car plus le jus de cuisson réduit, plus le goût s'intensifie.

L'abura-age

est le tôfu frit japonais.
Vous pouvez vous en procurer dans des épiceries japonaises au rayon des surgelés.
Vous pouvez aussi utiliser le tôfu frit chinois, mais, dans ce cas, il vous en faudra quatre puisqu'ils sont plus petits.

TRADITIONAL BREW

Le **gobô** ou racine de grande bardane est probablement le légume dont les expatriés japonais sont les plus nostalgiques. Pour ceux qui n'en ont jamais goûté, il est difficile de penser que ce long bout de racine soit un légume et qu'il suscite un tel engouement ! Mais le *gobô* est un légume au parfum subtil et à la texture unique. Il est malheureusement quasi introuvable en France, mais on dit qu'il y en aurait en abondance dans la nature… Il y a même des connaisseurs japonais qui passent leurs week-ends à en chercher dans les forêts ! Mais pourquoi vous donner cette recette alors que vous avez peu de chance de trouver du *gobô* ? Parce que c'est l'une de celles que je réclame à ma mère dès que j'arrive chez elle !

KIMPIRA GOBÔ

Sauté de racine de bardane **caramélisée**

POUR 4 PERSONNES

2 gobô (environ 250 g)
1 carotte
1 cuil. à soupe de sucre
1 cuil. à soupe de saké
2 cuil. à soupe de sauce soja
2 cuil. à soupe d'huile de sésame
1 pincée de piment en poudre
1 cuil. à soupe de graines de sésame grillées

1. Brossez les gobô sous l'eau courante puis coupez-les en julienne sans les éplucher. Laissez-les tremper dans un saladier d'eau froide pour enlever l'amertume.
2. Épluchez la carotte et taillez-la en julienne, en veillant à ce que les bâtonnets de carotte soient de la même taille que les gobô.
3. Chauffez l'huile de sésame dans une poêle profonde à feu vif. Faites revenir les gobô et la carotte. Ajoutez le sucre et le saké, et continuez la cuisson en remuant jusqu'à ce que le liquide s'évapore.
4. Versez la sauce soja et poursuivez la cuisson jusqu'à évaporation complète.
5. Ajoutez le piment et les graines de sésame. Ajustez l'assaisonnement et servez.

*** Conseil de ma mère**

Pour réussir un *kimpira*, il est important de garder le croquant des légumes. Pour cela, pensez à cuire vos ingrédients sur feu vif en remuant constamment. Vous pouvez cuire de cette manière (*kimpira*) d'autres légumes au goût prononcé et à la texture croquante, comme la carotte, le céleri-branche, la côte de blette, le topinambour ou le panais.

HIYAYAKKO

Tôfu froid aux condiments

Le tôfu, c'est le genre d'aliment que l'on a toujours dans le réfrigérateur. Coupé en petits dés, il garnit la soupe miso. Écrasé avec des graines de sésame, il fait une délicieuse sauce pour les épinards. Poché dans le dashi ou frit après avoir été saupoudré de fécule de pomme de terre, il compose une savoureuse petite entrée. La cuisine familiale japonaise sans le tôfu est inimaginable ! On peut le déguster de mille façons, mais la meilleure reste, lorsqu'on a un bon tôfu frais, le *hiyayakko.* Le succès de cette recette toute simple dépend de la qualité des produits. Si vous réussissez à trouver un tôfu artisanal frais, lancez-vous !

Tôfu classique

POUR 4 PERSONNES

1 tôfu frais, soyeux ou dur (environ 400 g)
10 cm de blanc de poireau ou d'oignon nouveau
1 petit doigt de gingembre frais
1 petit sachet de katsuobushi (copeaux de bonite)
1 filet de sauce soja

1. Émincez finement le blanc de poireau ou d'oignon nouveau. Épluchez et râpez le gingembre.
2. Coupez le tôfu en quatre. Répartissez dans quatre coupelles.
3. Disposez joliment le poireau, le gingembre et le katsuobushi sur chaque tôfu.
4. Arrosez d'un filet de sauce soja et servez.

Tôfu parfumé

POUR 4 PERSONNES

1 tôfu frais, soyeux ou dur (environ 400 g)
20 cm de blanc de poireau ou d'oignon nouveau
1 petit doigt de gingembre frais
2 cuil. à soupe d'huile de sésame
1 filet de sauce soja

1. Coupez le blanc de poireau ou d'oignon nouveau et le gingembre épluché en julienne très fine.
2. Coupez le tôfu en quatre. Répartissez dans quatre coupelles.
3. Disposez sur chaque tôfu les juliennes de poireau (ou d'oignon nouveau) et de gingembre.
4. Versez l'huile de sésame dans une petite casserole et chauffez jusqu'à ce qu'elle commence à fumer.
5. Versez cette huile sur les juliennes.
6. Arrosez d'un filet de sauce soja et servez.

Au Japon, il existe deux sortes de tôfu : *kinugoshi* (soyeux) et *momen* (dur). Le tôfu *kinugoshi*, qui est taillé directement après la coagulation du lait de soja sans égouttage, offre une texture lisse et légère. Le tôfu *momen* est plus dense et dur, car le lait de soja coagulé est tassé et égoutté sur une toile en coton (*momen* en japonais). Les deux conviennent pour cette recette, c'est juste une question de goût. Je préfère le *momen* qui est plus goûteux...

Tôfu **spécialité de ma mère**

POUR 4 PERSONNES

1 tôfu frais, soyeux ou dur (environ 400 g)
2 cuil. à soupe de haricots noirs macérés à la sauce soja
2 myôga
4 feuilles de shiso

1. Émincez finement les myôga et les feuilles de shiso.
2. Coupez le tôfu en quatre et répartissez dans quatre coupelles.
3. Disposez joliment les haricots noirs, les myôga et les feuilles de shiso émincés sur chaque tôfu et servez.

* Conseil de ma mère

Un bon tôfu est délicieux seulement avec une goutte de sauce soja. Aujourd'hui, j'ai marié le tôfu aux haricots noirs macérés, la spécialité de mon fabriquant de sauce soja, et aux myôga, une sorte de fleur comestible dont le parfum ressemble à celui du gingembre. Le tôfu étant fade, il est toujours recommandé de l'associer à des herbes et à des condiments au parfum puissant.

METS PRINCIPAUX

Aujourd'hui, difficile d'être rassasié d'un bol de riz, d'une soupe miso et de quelques légumes. Le repas compte désormais un plat à base de poisson ou de viande, riche en protéines. Comme le veut la tradition, ces mets principaux sont servis dans une assiette séparée et en même temps que tout le reste. Le plaisir du repas à la japonaise consiste alors à piocher dans ces préparations variées. Peu importe l'ordre, l'essentiel est que chacun se régale à son rythme, selon ses envies. D'ailleurs, il est amusant d'observer comment un Japonais et un Français se comportent face à leurs plateaux-repas. Le Français commence toujours par l'entrée, passe ensuite au plat, puis au fromage et pour finir au dessert. Le Japonais, lui, picore un peu de tout, y compris le dessert...

Il existe toutes sortes de poissons séchés, en fonction bien sûr des variétés mais aussi du degré de séchage. Les stars des poissons séchés sont les *ichiya-boshi*, ceux qui n'ont séché qu'une demi-journée. La chair à peine sèche reste alors moelleuse tout en offrant une saveur plus intense. Le plus consommé d'entre eux est le chinchard, *aji* en japonais, qui signifie aussi « le goût ». Ce poisson apprécié pour sa qualité gustative et pour son petit prix est un produit très courant au Japon. Comme ce n'est pas le cas en France, voici la recette pour le préparer vous-même.

AJI NO HIMONO

Chinchard **mi-séché grillé**

POUR 4 PERSONNES

4 chinchards très frais, mesurant 20 cm chacun
50 g de sel fin
1 l d'eau
1 cordon
4 pinces à linge
1 filet de protection

POUR SERVIR

10 cm de daïkon
1 filet de sauce soja
1 demi-citron vert

1. Ouvrez les chinchards en deux, en incisant de la tête vers la queue. Ôtez les intestins et rincez sous l'eau courante en brossant délicatement pour enlever la peau noire, tout en faisant attention à ne pas abîmer la chair.
2. Versez le sel dans l'eau. Faites tremper les chinchards dans cette eau salée pendant 45 minutes.
3. Installez le cordon dans un endroit légèrement ensoleillé et ventilé, au bord d'une fenêtre par exemple. Étendez les chinchards à l'aide de pinces à linge, placez le filet de protection et laissez sécher pendant 3 à 4 heures.
4. Faites griller vos chinchards séchés sous le gril de votre four, en tournant à mi-cuisson jusqu'à ce qu'il soit doré.
5. Vous pouvez servir vos chinchards nature ou bien les arroser d'un filet de sauce soja ou/et d'un quartier de citron vert. Accompagnez de daïkon épluché et finement râpé.

*** Conseil de ma mère**

Les chinchards séchés se conservent cinq jours au réfrigérateur.

Le maquereau est l'un de mes poissons préférés. Il est savoureux, facile à cuisiner et pas cher ! Les Japonais en sont très friands et le consomment sous différentes formes : cru et macéré au vinaigre de riz (*shime-saba*), grillé au sel (*shio-yaki*) ou mijoté, comme ici, dans une sauce sucrée-salée au miso. Pour cette recette, préférez les gros maquereaux à la chair plus grasse, leur saveur ne s'effacera pas face à la sauce corsée.

SABA NO MISONI

Maquereau cuit au miso

POUR 4 PERSONNES

2 gros maquereaux
20 cl de saké
150 g de miso
5 cuil. à soupe de sucre
1 pousse de gingembre
2 cuil. à café de sauce soja

1. Demandez à votre poissonnier de vider les maquereaux et de lever les filets. Puis rincez les filets et coupez-les en deux.
2. Émincez finement le gingembre avec la peau.
3. Mélangez dans un petit saladier le miso, le sucre et la sauce soja.
4. Disposez les maquereaux sans les chevaucher au fond d'une large sauteuse. Versez le saké ainsi qu'une tasse d'eau, répartissez dessus les lamelles de gingembre et portez le tout à ébullition.
5. Baissez le feu, puis ajoutez la préparation au miso. Mélangez doucement pour dissoudre le miso sans abîmer les filets de maquereau. Couvrez et laissez mijoter pendant 7 à 8 minutes.
6. Ôtez le couvercle et laissez réduire la sauce à feu moyen, jusqu'à ce qu'elle prenne une consistance nappante.
7. Servez aussitôt, accompagné de riz nature.

*** Conseil de ma mère**

Vous pouvez, avec cette recette, tester différentes sortes de miso. Avec du miso rouge (*aka-miso*), vous obtiendrez une sauce plus corsée, avec du miso blanc (*shiro-miso*), une sauce plus douce.

Aucune précuisson, aucune préparation pour cette recette. Il vous faut simplement de la rascasse fraîche, un peu de saké, de sauce soja et de sucre. C'est un vrai délice avec le riz !

KINME-DAÏ NO NITSUKE

Rascasse **mijotée**

POUR 4 PERSONNES

4 filets de rascasse avec la peau
(environ 200 g chacun)
15 cl de saké
15 cl d'eau
2 cuil. à soupe de sucre
1 cuil. à soupe de mirin
5 cl de sauce soja
5 cm de gingembre frais

1. Disposez au fond d'une grande casserole ou d'une sauteuse les filets de rascasse sans les chevaucher, côté peau vers le haut.
2. Versez le saké et l'eau. Taillez le gingembre avec sa peau en fines lamelles que vous répartissez sur les rascasses. Coupez du papier sulfurisé à la dimension de la casserole, percez quelques trous et couvrez-en les rascasses.
3. Chauffez le tout à feu vif. Lorsque le liquide bout, ajoutez le sucre, le mirin et la sauce soja. Laissez cuire à feu modéré pendant une quinzaine de minutes, en écumant régulièrement, jusqu'à ce que le jus de cuisson devienne un peu sirupeux.
4. Disposez les filets sur les assiettes, arrosez de sauce et servez.

*** Conseil de ma mère**

Ce type de cuisson est valable pour toutes sortes de poissons. Je préfère les poissons à la chair plutôt grasse comme la rascasse ou la sardine, mais les poissons plus fins comme la limande sont tout aussi bons. N'hésitez pas à cuire les poissons de petite taille en entier, après leur avoir ôté la tête et les intestins.

La cuisine japonaise est réputée pour être subtile et légère mais nous avons envie, de temps en temps, d'une nourriture plus grasse ! La poitrine de porc fondante est l'une de mes recettes préférées pour ces moments d'indulgence. Vous serez sans doute étonné de constater que la poitrine de porc, si fondante qu'on peut la couper avec les baguettes, est légère et digeste. C'est un plat un peu long à préparer, mais cela en vaut la peine !

BUTA NO KAKUNI

Poitrine de porc **fondante**

POUR 4 PERSONNES

800 g de poitrine de porc fraîche
15 cl de saké
1 pousse de gingembre
1 blanc de poireau
4 œufs durs
5 cuil. à soupe de sauce soja
2 cuil. à soupe de sucre complet
5 oignons nouveaux
200 g de pois mange-tout
2 anis étoilés (facultatif)

1. Demandez à votre boucher d'ôter la couenne de la poitrine. Puis coupez-la en gros cubes de 5 cm.
2. Mettez les cubes de poitrine fraîche dans une casserole. Couvrez d'eau froide et portez à ébullition. Laissez cuire à feu moyen pendant 10 minutes. Égouttez et rincez à l'eau tiède.
3. Remettez la viande dans la casserole avec le saké, le gingembre émincé avec sa peau, le blanc de poireau et l'anis étoilé. Couvrez le tout d'eau et portez à ébullition. Écumez soigneusement et baissez le feu au minimum.
4. Découpez du papier sulfurisé à la dimension de la casserole et percez quelques trous. Posez-le sur la viande pour éviter qu'elle se dessèche, puis couvrez en laissant passer un peu de vapeur. Laissez mijoter pendant 1 heure 30, en écumant de temps en temps, jusqu'à ce que l'eau réduise de moitié. Si l'eau n'a pas suffisamment réduit, prolongez la cuisson de quelques minutes en ôtant les couvercles.

5. Retirez le poireau. Ajoutez la sauce soja, le sucre et les œufs durs écalés et laissez mijoter encore 30 minutes avec le couvercle en papier sulfurisé.

6. Rincez et émincez le plus finement possible les oignons nouveaux.

7. Faites blanchir les pois mange-tout dans de l'eau bouillante salée pendant 2 minutes. Égouttez-les et faites refroidir sous l'eau froide.

8. Coupez les œufs durs en deux, présentez-les avec la viande. Accompagnez avec l'émincé d'oignons et les pois mange-tout.

* Conseil de ma mère

Je vous recommande vivement de préparer cette recette (jusqu'à l'étape 5) la veille pour deux raisons : vous pourrez facilement ôter la graisse figée à la surface avant de poursuivre la cuisson ; la poitrine fraîche et les œufs, réchauffés, n'en seront que meilleurs. Le secret pour obtenir une poitrine de porc bien fondante est de commencer la cuisson à l'eau froide et de n'introduire les assaisonnements qu'une fois la viande très tendre.

Une recette savoureuse et facile à réaliser, malgré son air sophistiqué. Pour que la viande reste tendre même refroidie, il est important de la couper en tranches très fines. Avec la sauce teriyaki, qui se conserve bien, cette recette est idéale pour garnir une boîte à *bentô*... et réussir un pique-nique chic à la japonaise !

GYÛNIKU NO YAHATA MAKI FU

Rouleau de bœuf **et d'épinards, sauce teriyaki**

POUR 4 PERSONNES

400 g de viande de bœuf tranchée très finement
400 g d'épinards
2 cuil. à soupe de saké
2 cuil. à soupe de mirin
1 cuil. à soupe de sucre
5 cuil. à soupe de sauce soja
Environ 5 cuil. à soupe de Maïzena®
2 cuil. à soupe d'huile végétale
Sel

1. Rincez et égouttez les épinards. Portez une grande casserole d'eau salée à ébullition. Faites blanchir les épinards pendant 2 à 3 minutes. Égouttez-les, puis rafraîchissez-les sous l'eau froide.
2. Pressez les épinards pour extraire le maximum d'eau, puis mettez-les dans un saladier. Arrosez de 2 cuillerées à soupe de sauce soja et mélangez.
3. Sur une planche ou un plan de travail, étalez la moitié des tranches de bœuf en les chevauchant pour former un grand rectangle. À l'aide d'une petite passoire, saupoudrez toute la surface de Maïzena®.
4. Pressez la moitié des épinards pour retirer l'excédent de sauce soja, puis formez un boudin de la même longueur que le rectangle de viande.

.../...

*** Conseil de ma mère**

Vous pouvez remplacer les épinards par d'autres légumes comme les haricots verts, les carottes coupées en bâtonnets, le cresson...

Vous trouverez des tranches de bœuf ultrafines dans des épiceries japonaises ou coréennes. Certaines boucheries peuvent aussi vous les préparer. Mais ce n'est pas très compliqué de faire les tranches soi-même, il suffit d'acheter le bœuf en morceau, de le congeler légèrement, puis de couper de fines tranches à l'aide d'un couteau bien affûté.

.../...

5. Posez le boudin d'épinards sur la viande et enroulez la viande autour des épinards. Faites la même chose avec le reste de viande et d'épinard.

6. Saupoudrez les rouleaux de bœuf de Maïzena®. Faites chauffer l'huile dans une poêle et disposez les rouleaux, bords extérieurs vers le bas. Lorsque les bords sont cuits et attachés, tournez les rouleaux pour faire griller l'ensemble.

7. Versez le saké, le mirin, le sucre et la sauce soja, et continuez la cuisson en tournant les rouleaux, jusqu'à ce que la sauce s'épaississe et que les rouleaux aient un aspect laqué.

8. Transférez les rouleaux sur une planche, coupez-les en rondelles et servez.

KOBE BEEF

SUR LE POUCE

Le midi, on se prépare des petits plats rapides et nourrissants, souvent à base de riz ou de pâtes. À commencer par le *don*, une véritable institution dans le paysage culinaire japonais. Ce grand bol de riz couvert d'une garniture est en réalité une entorse à la tradition. Les Japonais ont toujours eu coutume de servir le riz dans un bol à part. C'est en bouche qu'il fusionne à d'autres parfums. Cette tradition singulière au Japon est sans doute à l'origine de cet art de la table si particulier, où chaque aliment doit avoir son plat. Il a fallu attendre le début du XIXe siècle pour poser sur le riz une préparation salée. Le grand bol inventé pour l'occasion, le *donburi*, est devenu l'appellation de ce nouveau concept du plat deux en un.

Les autres vedettes du déjeuner sont les pâtes. Il y a deux écoles au Japon. Les Japonais du Sud-Ouest du pays préfèrent les udon, des pâtes blanches au blé tendre, tandis que les Japonais du Nord-Est ne jurent que par les soba, des pâtes préparées à partir de farine de blé noir. On peut d'ailleurs deviner l'appartenance géographique d'un Japonais en lui demandant s'il est plutôt udon ou soba ! Ma région, celle de Nagano, étant l'une des plus grandes *soba dokoro* (région productrice de sarrasin), je préfère les soba aux udon. C'est affectif.

Les Japonais sont de grands amateurs d'œufs de poisson ; ils apprécient tout particulièrement les œufs de saumon. Si vous avez du riz cuit, cette recette est rapide à préparer. Il est vrai que l'association riz-œufs de saumon-sauce soja fonctionne déjà telle quelle, mais si vous ajoutez des feuilles de shiso pour une touche de fraîcheur, ou du nori pour le croustillant, le résultat n'en sera que meilleur.

IKURA-DON

Don aux œufs de saumon

POUR 2 DONS

100 g d'œufs de saumon
6 feuilles de shiso
(à défaut, 4 ciboules)
1/2 feuille de nori
(environ 10 x 20 cm)
3 à 4 cm d'igname fraîche
(facultatif)
2 cuil. à soupe de
sauce soja

POUR SERVIR

2 grands bols de riz
japonais cuit
Un peu de wasabi

1. Coupez les feuilles de shiso (ou les ciboules) en julienne.
2. Si votre nori manque de croustillant, faites-le sécher en le passant très rapidement sous le gril. Coupez-le en julienne à l'aide de ciseaux.
3. Épluchez l'igname, puis coupez-la en bâtonnets fins.
4. Préparez deux grands bols de riz chaud.
5. Garnissez le riz de nori puis de shiso et enfin d'igname. Couvrez le tout d'une couche d'œufs de saumon.
6. Arrosez de sauce soja et servez, accompagné de wasabi.

C'est sans doute la seule recette familiale japonaise qui soit au bœuf. En réalité, elle contient autant d'oignons que de bœuf sinon plus ! Si vous avez la chance de trouver des *shirataki*, les vermicelles de konjac (un tubercule cultivé en Asie), vous pouvez les ajouter à la recette.

Don au bœuf

GYÛ-DON

POUR 2 DONS

200 g de viande de bœuf dans la partie un peu grasse, comme la basse côte ou le faux-filet
1 gros oignon
1 tasse de dashi
1 cuil. à soupe de sucre
1 cuil. à soupe de saké
2 cuil. à soupe de mirin
4 cuil. à soupe de sauce soja

POUR SERVIR

2 grands bols de riz japonais cuit
Un peu de beni shôga (gingembre en julienne macéré au vinaigre et coloré en rouge)

1. Coupez le bœuf en très fines lanières à l'aide d'un couteau bien affûté. Si vous avez du temps, placez la viande dans le congélateur pendant une petite heure avant de la couper, cela vous facilitera la tâche.
2. Épluchez et émincez l'oignon en lamelles de 1 cm d'épaisseur.
3. Dans une petite casserole à feu vif, faites chauffez le dashi, le sucre, le saké, le mirin et la sauce soja. Ajoutez les lamelles d'oignon et laissez mijoter jusqu'à ce qu'elles deviennent translucides, tout en restant croquantes.
4. Ajoutez les lanières de bœuf. Laissez mijoter pendant 5 minutes, en remuant et en écumant régulièrement.
5. Préparez deux bols de riz chaud.
6. Garnissez le riz de la préparation au bœuf avec son jus.
7. Servez aussitôt, accompagné de beni shôga.

K I J I Y A K I D O N

Kijiyaki signifie « faisan grillé », ce qui peut intriguer. Avec son plumage élégant et sa chair goûteuse, le faisan est l'oiseau symbole du Japon... et fut, autrefois, un met recherché par les gens de haut rang. Le peuple s'est réapproprié cette recette, mais avec du poulet ! Aujourd'hui, seul le nom de la recette reste, et le mythe sur le délice de la chair de faisan paraît s'être envolé avec le temps.

Don au poulet, **façon kijiyaki**

POUR 2 DONS

1 grosse cuisse de poulet désossée
1 blanc de poireau
2 cuil. à soupe de saké
2 cuil. à soupe de mirin
2 cuil. à soupe de sauce soja
1 cuil. à soupe de sucre
1/2 cuil. à soupe de gingembre râpé
1/2 cuil. à soupe d'huile végétale

POUR SERVIR

2 grands bols de riz japonais cuit
1/2 feuille d'algue nori (environ 10 x 20 cm)
1 cuil. à café de graines de sésame grillées

1. Dans un saladier, mélangez le saké, le mirin, la sauce soja, le sucre et le gingembre.
2. Piquez la peau de la cuisse de poulet à l'aide d'un couteau pointu et coupez-la en petits morceaux. Laissez tremper dans la marinade pendant 10 minutes.
3. Pendant ce temps, coupez le blanc de poireau en tronçons de 5 cm.
4. Faites chauffer l'huile dans une poêle à feu moyen et faites revenir le poireau en remuant de temps en temps. Retirez-le à l'aide d'une écumoire et réservez.
5. Sortez les morceaux de poulet de la marinade et essuyez-les avec du papier absorbant. Placez-les sur la poêle, côté peau vers le bas, et faites griller à feu moyen jusqu'à ce que la peau devienne dorée et croustillante. Puis tournez-les, baissez le feu et laissez cuire avec le couvercle pendant 5 minutes.
6. Ôtez le couvercle, versez la marinade et ajoutez les tronçons de poireau. Montez le feu au maximum et laissez réduire le jus en tournant régulièrement les morceaux de poulet et les poireaux, jusqu'à ce qu'ils prennent un aspect laqué.
7. Préparez deux grands bols de riz chaud. Couvrez de nori émietté ou coupé en fines lanières, puis de la préparation au poulet. Parsemez de graines de sésame et servez immédiatement.

Les soba se consomment aussi bien chaudes que froides, bien que la grande majorité des amateurs les préfère froides. Dans ce cas, on sert les pâtes rincées de leur amidon sur un *zaru*, une sorte de natte en bambou, accompagnées d'un *tsuyu*, un bouillon corsé froid servi dans une petite tasse séparée. Pour les déguster, utilisez des baguettes : prenez quelques pâtes que vous trempez légèrement dans le bouillon puis aspirez-les en faisant le plus de bruit possible, en évitant de les mâcher. Idéalement, vos soba doivent passer de la bouche à la gorge sans être mastiquées. Quand on mange des soba, l'important n'est pas tant le goût mais le parfum et surtout cette sensation très particulière provoquée dans la gorge : le *nodogoshi*... Toute une philosophie !

ZARUSOBA

Pâtes fines de sarrasin froides

POUR 4 PERSONNES

500 g de soba sèches
40 cl de mentsuyu
Quelques tiges d'oignon nouveau ou de ciboule
Pâte de wasabi
5 cm de daïkon (facultatif)
Quelques feuilles de nori (facultatif)

1. Préparez d'abord les accompagnements. Émincez finement les oignons nouveaux ou les ciboules. Épluchez et râpez (à la râpe japonaise de préférence) le daïkon, puis pressez-le pour retirer l'excédent d'eau. Dressez les oignons et le daïkon sur une coupelle avec le wasabi.

2. Versez le mentsuyu dans quatre tasses ou bols, gardez au frais.

3. Portez une grande casserole d'eau à ébullition, jetez-y les soba. Faites cuire selon le temps indiqué, en remuant de temps en temps avec une paire de baguettes.

.../...

*** Conseil de ma mère**

Le débordement de l'eau de cuisson est inévitable avec les soba. Surveillez de près la casserole et baissez le feu dès le premier bouillonnement. Les meilleures soba sont les soba fraîches, préparées de façon artisanale. En France, misez sur les soba sèches de bonne qualité. Quant au wasabi, celui en tube fera l'affaire.

.../...

4. Égouttez les soba dans une passoire, rincez-les abondamment sous l'eau froide pour les refroidir et retirer le maximum d'amidon.
5. Posez sur chaque assiette une natte en bambou sur laquelle vous disposez les soba. À défaut de natte, n'importe quel plat à fond ouvert fera l'affaire. Parsemez les soba de nori émietté.
6. Servez les soba accompagnées du mentsuyu et des condiments.

Le **mentsuyu**, une sorte de sauce soja douce, est indispensable pour préparer les soba et les udon, mais aussi très utile pour assaisonner les plats mijotés ou les salades. Le plus simple est de l'acheter tout prêt dans une épicerie asiatique. Si vous optez pour un mentsuyu industriel, il vous faudra le diluer avec de l'eau avant de le servir. Mais si vous préférez le préparer vous-même, voici la recette :

1. Portez à ébullition une demi-tasse de mirin.
2. Ajoutez une demi-tasse de sauce soja et deux tasses d'eau. Portez à ébullition et ajoutez deux tasses de katsuobushi. Baissez le feu et laissez frémir pendant 2 minutes.
3. Filtrez à travers un tamis doublé d'un linge humide.
4. Laissez refroidir et gardez au frais.

州おぶせ
おぶせ名物
おやき
1ヶ130円
野セリ
100円
今朝手作り

農家直売所
天然の山菜!! タラのメ
野せり・のびる・山のふき
山のふき
1束 100円
山うど
1袋 500円
わらび
¥300
うど
200円
みょうがだけ
エシャレット
100円
にら
100
みつば
100円
山菜
アスパラガス
150
朝採りアスパラ
200円
ふき
¥100

PLATS DE SAISON

LA CUISINE FAMILIALE AU JAPON EST COMME UNE PETITE CÉLÉBRATION DE LA NATURE AU QUOTIDIEN. COMPOSÉE AUTOUR DU RIZ, ELLE SUIT LE FIL DES SAISONS DE MANIÈRE AUSSI HUMBLE QUE GOURMANDE.

PRINTEMPS

Après la longue saison d'hiver au paysage dépourvu de couleurs, nous sommes très sensibles aux premiers signes du printemps. C'est surtout mon père, qui a l'habitude de promener ses chiens dans la montagne tôt le matin, qui les capte en premier. Un jour, début mars, il revient avec le sourire d'un petit garçon qui vient de trouver un trésor : les poches de son blouson sont remplies de *fukinotô*, des minuscules pousses florales de pétasite. Ces pousses annoncent l'arrivée du printemps. Au Japon, cette toute première cueillette de la saison se savoure. Mon père coupe les pousses en petits morceaux, puis les cuisine dans un peu d'huile avec du miso et du sucre pour préparer le *fuki miso*.

Au fur et à mesure que le temps s'adoucit, la montagne nous offre une nature fabuleuse : pousses de fougère, de bambou, de prêle des champs, bourgeons de *tara* (l'angélique du Japon), de houblon, jeunes feuilles de *sanshô* (cousin japonais du poivre du Sichuan), de *yomogi* (armoise)... Pendant cette période, on se régale des bourgeons et des pousses pour profiter un peu de leur formidable vitalité. Chose plutôt étonnante, ces cueillettes des premiers jours de douceur ont une amertume très prononcée. Le printemps japonais a un goût amer...

TAKENOKO NO TOSANI

Le takenoko, littéralement « l'enfant de bambou », désigne la jeune pousse de bambou qui sort de terre au printemps. Sa texture croquante et son parfum unique font d'elle l'un des produits stars de la cuisine japonaise. Les pousses de bambou précuites que l'on trouve toute l'année sont pratiques, mais les pousses fraîches, que l'on prend la peine de préparer soi-même, sont bien meilleures. C'est pour cela que, d'avril à mai, ma mère s'amuse à les cuisiner de différentes manières : avec du riz, du hachis de poulet, en bouillon... En ce jour de printemps, elle les a préparées pour Iris et moi à la mode de Tosa, c'est-à-dire parfumées au katsuobushi.

Pousses de bambou **braisées « Tosani »**

POUR 4 PERSONNES

3 à 4 pousses de bambou (ou environ 500 g de pousses précuites)
100 g de komenuka (le son du riz en poudre)

Pour la précuisson des pousses :
2 tasses de dashi
3 cuil. à soupe de saké
3 cuil. à soupe de sauce soja
1 cuil. à soupe de sucre
3 cuil. à soupe de mirin
3 petits sachets de katsuobushi (copeaux de bonite séchée)

POUR SERVIR

Quelques bourgeons de fougère
Quelques jeunes feuilles de sanshô

1. Ôtez la partie dure et granuleuse de la base des pousses. Coupez à environ 5 cm de la pointe en tranchant en biais. Pratiquez une incision le long de chaque pousse, en faisant attention à ne pas abîmer le cœur.

2. Placez les pousses dans une grande casserole, couvrez d'eau, ajoutez le komenuka et portez à ébullition. Couvrez et laissez cuire à petit feu de 1 heure à 2 heures, selon la taille des pousses, en ajoutant de l'eau si nécessaire. Lorsque le couteau parvient à s'enfoncer sans peine, les pousses sont cuites. Laissez-les refroidir dans leur eau de cuisson.

3. Rincez les pousses à l'eau pour enlever le komenuka, puis ôtez toutes les peaux. Laissez tremper les cœurs dans l'eau pendant au moins 1 heure.

4. Séparez les pousses en pointes et en fonds. Coupez les pointes en deux dans le sens de la longueur. Coupez les fonds en tranches de 1 cm, puis en deux dans le sens de la longueur.

5. Placez les pousses dans une casserole avec le dashi et portez à ébullition. Versez le saké, le mirin, le sucre et la sauce soja. Couvrez avec un couvercle plus petit que le diamètre de la casserole et laissez mijoter pendant 20 minutes, jusqu'à ce qu'il n'y ait presque plus de liquide.

6. Ajoutez les katsuobushi, mélangez rapidement et servez, accompagné de bourgeons de fougère blanchis et de feuilles de *sanshô*.

500円

* Conseil de ma mère

La technique du « couvercle tombé » (*otoshi buta*), déjà utilisée pour préparer le daïkon séché mijoté au bouillon de volaille, permet ici aux liquides de s'évaporer rapidement tout en évitant aux pousses de bambou de se dessécher. Une fois préparées, les pousses de bambou se conservent trempées dans de l'eau pendant deux à trois semaines.

ひずみ拡大
税制抜本改革
秋にも法案
協議機関

Les habitants des régions montagneuses sont toujours émus en découvrant les premiers bourgeons floraux de la pétasite, sur une terre encore couverte de neige. On les cueille avant la floraison pour confectionner le *fuki miso*, un condiment assaisonné au miso et au sucre, qui, enfant, me faisait grimacer à cause de son amertume. Après la floraison, les pétasites poussent sous forme de tiges qui finissent par une grande feuille basale, façon « parapluie des grenouilles ». À ce stade, les pétasites nous régalent de leurs tiges parfumées et croquantes.

FUKI NO TORISOBORONI

Tiges de pétasite **au hachis de poulet**

POUR 4 PERSONNES

500 g de tiges de pétasite
250 g de hachis de poulet
1 piment rouge
2 cuil. à soupe d'huile végétale
3 cuil. à soupe de saké
3 cuil. à soupe de mirin
3 cuil. à soupe de sauce soja
1/2 cuil. à soupe de sucre
1 poignée de sel

1. Rincez et égouttez les tiges de pétasite. Disposez-les sur une planche et parsemez-les de sel. Roulez les tiges dans le sel en les pressant avec la paume ; ce geste facilitera l'épluchage.
2. Portez une grande casserole d'eau à ébullition et faites blanchir les tiges pendant 2 à 5 minutes selon la taille. Rafraîchissez-les sous l'eau froide, puis pelez-les. Coupez les tiges en tronçons de 5 cm.
3. Faites chauffer l'huile dans une sauteuse à feu vif, faites revenir le hachis de poulet avec le piment rouge.
4. Lorsque le hachis de poulet est presque cuit, ajoutez les tronçons de pétasite et mélangez. Versez le saké, le mirin, la sauce soja et le sucre. Continuez la cuisson à feu vif en remuant sans arrêt, jusqu'à ce qu'il n'y ait plus de liquide.
5. Rectifiez l'assaisonnement, retirez le piment et servez.

* Conseil de ma mère

Je ne sais toujours pas si les pétasites des forêts françaises sont comestibles comme celles du Japon. À défaut, remplacez les pétasites par des tiges de céleri.

La meilleure façon de déguster les cueillettes du printemps, c'est en assortiment de beignets, le tempura. Faire frire les pousses et les bourgeons dans l'huile révèle le meilleur de ces ingrédients délicats tout en estompant leur amertume. Parmi toutes ces merveilles de la montagne, notre préférée est sans conteste le bourgeon de tara, un arbuste à tronc épineux qui pousse dans toutes les régions du Japon. Nous attendons toute l'année cette courte période pendant laquelle nous pouvons cueillir ces précieux bourgeons.

Tempura végétarien du printemps

POUR 4 PERSONNES

POUR LA PÂTE

230 g de farine
2 œufs

POUR LES GARNITURES

12 bourgeons de tara
(angélique du Japon)
8 jeunes feuilles de ukogi
(une sorte de lierre)
8 bourgeons de houblon
8 jeunes feuilles de sanshô
(cousin du poivre du Sichuan)
8 petits bouquets de jeunes
feuilles de yomogi (armoise)
8 asperges sauvages
Quelques grosses fèves
1 sachet de champignons enoki

Huile pour la friture

.../...
suite de ingrédients
page 77

1. Cassez les œufs dans une tasse mesure, et ajoutez de l'eau froide pour que l'ensemble fasse 40 cl. Placez ce liquide ainsi que la farine dans le réfrigérateur jusqu'au moment de la confection des tempura.

2. Pelez les fèves. Ôtez les parties dures des bourgeons de tara s'il y en a. Coupez la base des champignons enoki. Rincez tous les ingrédients servant de garniture à l'eau (sauf les fèves), puis séchez-les soigneusement avec un linge propre. Disposez le tout sur un grand plat.

3. Préparez le tentsuyu en versant dans une petite casserole le dashi, la sauce soja et le mirin. Portez à ébullition. Répartissez la sauce dans quatre coupelles.

4. Épluchez et râpez le gingembre. Pressez-le pour ôter l'excédent d'eau. Faites de même avec le daïkon. Présentez dans deux coupelles séparées.

5. Chauffez l'huile dans une friteuse ou une casserole à 170 °C.

.../...

.../...

6. Versez le mélange d'œufs et d'eau dans un saladier et battez à l'aide d'une paire de baguettes. Ajoutez la farine tamisée, puis mélangez le tout rapidement, toujours avec les baguettes, sans chercher à obtenir une pâte homogène (s'il reste des grumeaux, ce n'est pas grave).

7. Si vous utilisez une casserole pour frire les tempura, vérifiez la température de l'huile en versant un peu de pâte. Si elle remonte à la surface aussitôt, l'huile est à bonne température. Faites alors légèrement tremper les ingrédients dans la pâte, puis plongez-les au fur et à mesure dans l'huile. Faites frire, en tournant de temps en temps, jusqu'à ce que les ingrédients deviennent dorés et croustillants. Égouttez-les sur du papier absorbant avant de les transférer sur le plat de service.

8. Vous pouvez tremper les tempura dans le tentsuyu que vous parfumez de gingembre et/ou de daïkon ou les déguster avec un peu de sel, tout simplement.

POUR LA SAUCE TENTSUYU

40 cl de dashi
10 cl de sauce soja
10 cl de mirin

POUR SERVIR

1 pousse de gingembre
10 cm de daïkon
Sel

* Conseil de ma mère

Pour réussir les tempura, il faut que les ingrédients à frire soient froids (si vous avez le temps, vous pouvez même les rafraîchir au réfrigérateur) et travailler le moins possible la pâte qui doit être utilisée tout de suite. Vous pouvez adapter cette recette avec des légumes de saison, comme les asperges vertes, les cœurs d'artichaut poivrade, l'oseille, les carottes nouvelles et leurs fanes...

Le yomogi, ou l'armoise, pousse en abondance. Mais si on veut manger de l'armoise, il est préférable de cueillir celle qui pousse en pleine nature. Les jeunes feuilles de yomogi ont un parfum très spécial (imaginez celui du chrysanthème) et sont un vrai plus dans les soupes, les salades ou encore les tempura. Mais la spécialité, c'est le *yomogi mochi*, le petit gâteau de riz gluant parfumé au yomogi. Cette plante sauvage a également des vertus médicinales. Ma grand-mère cueillait les feuilles les plus anciennes pour pratiquer la moxibustion (sorte d'acupuncture). Elle faisait sécher les feuilles pour les émietter en poudre, puis posait cette poudre en tas sur certains points de son corps avant de les brûler...

KUSAMOCHI

Petits gâteaux **parfumés aux feuilles d'armoise**

POUR 4 PERSONNES

200 g de jôshinko
(farine de riz)
30 g de shiratamako
18 cl d'eau tiède
60 g de sucre
40 g de jeunes feuilles
tendres d'armoise
300 g d'anko
(pâte de haricot rouge,
disponible en boîte)

1. Rincez et égouttez les feuilles d'armoise. Portez à ébullition une casserole d'eau. Faites blanchir les feuilles pendant 1 à 2 minutes, puis rafraîchissez-les sous l'eau froide, égouttez et pressez pour extraire l'excédent d'eau.

2. Hachez les feuilles cuites, transférez-les dans un *suribachi* (mortier), et écrasez-les le plus finement possible. Vous pouvez aussi les passer au mixer.

3. Dans un saladier, faites dissoudre le shiratamako dans l'eau tiède. Ajoutez le jôshinko et le sucre, et mélangez le tout à la main jusqu'à l'obtention d'une pâte homogène. Divisez cette pâte en plusieurs petits bouts (pour faciliter la cuisson).

4. Portez à ébullition une casserole d'eau doublée d'un panier à vapeur. Couvrez le panier d'un linge humide et disposez dessus les petits bouts de pâte. Couvrez et faites cuire à feu vif pendant 20 minutes.

5. Placez les bouts de pâte cuits sur un autre linge humide et malaxez-les ensemble avec les mains mouillées pour reconstituer une boule. Ajoutez la purée d'armoise et continuez à malaxer jusqu'à ce que vous obteniez une pâte lisse et élastique.

6. Divisez la pâte en quinze morceaux. Toujours avec les mains mouillées, formez des cercles d'environ 10 cm de diamètre. Étalez au centre 20 g d'anko, puis pliez la pâte en deux et fermez en pinçant les bords du bout des doigts. Dégustez aussitôt.

* Conseil de ma mère

Les *kusamochi* se conservent une journée à température ambiante, recouverts d'un film alimentaire. N'oubliez pas de les saupoudrer de jôshinko pour éviter de coller. Le shiratamako est fabriqué à partir de riz gluant et se présente sous forme de granulés. Vous pouvez le remplacer par de la farine de riz gluant, mais le shiratamako rend la pâte encore plus lisse et souple. Le *suribachi* est un mortier japonais à l'intérieur très rugueux, très pratique pour écraser les aliments.

ÉTÉ

Il existe un objet dont on se sert beaucoup pendant les mois de grosse chaleur, il s'agit du *fûrin*, un grelot en verre que l'on accroche dans un lieu où il y a des courants d'air (au bord d'une fenêtre, par exemple). Les Japonais apprécient tout particulièrement ce léger tintement que fabrique le verre ; il leur fait un peu oublier la chaleur humide qui pèse sur eux. Je me souviens d'une attention très touchante dans un restaurant traditionnel à Tokyo. La patronne était venue déposer une paire de baguettes mouillées en bois de bambou vert (du bambou frais). Elle avait dû commander ces baguettes spécialement pour l'été, car le bambou vert est le symbole de cette saison, et ce pour une période très courte puisque le bambou change rapidement de couleur une fois coupé. Et surtout, elle avait mouillé ces baguettes pour m'offrir une touche de fraîcheur.

Même si le *fûrin* et les baguettes mouillées n'ont pas l'efficacité d'un climatiseur, j'aime ce côté mystérieux et poétique de l'esprit japonais. En été, la table familiale est aussi pleine d'astuces pour que les convives se sentent plus au frais : utiliser les services en verre, mouiller les céramiques avant d'y poser les aliments, faire flotter quelques feuilles vertes d'érable dans un saladier d'eau glacée avec les nouilles sômen...

Peu connue en France, la bonite est indispensable dans la cuisine japonaise. C'est avec ses filets fumés, séchés et fermentés que l'on confectionne le fameux katsuobushi que l'on rabote ensuite en copeaux pour préparer le dashi, le bouillon de base.
Ce poisson migrateur monte au large de la côte pacifique au printemps avec les courants chauds. À cette période, les bonites sont peu grasses. Elles s'engraissent progressivement en raison du froid avant de redescendre à nouveau vers le sud en automne. On les déguste en sashimi ou, comme ici, en tataki, accompagné de gingembre et de ciboule. C'est un vrai délice d'été !

KATSUO NO TATAKI

Tataki de bonite

POUR 4 PERSONNES

2 filets de bonite très frais (environ 500 g)
1/2 botte de ciboule
1 grosse pousse de gingembre
1 gousse d'ail
1 saladier d'eau glacée
3 brochettes en fer

POUR LA SAUCE

3 cuil. à soupe de vinaigre de riz
3 cuil. à soupe de sauce soja
3 cuil. à soupe de dashi

1. Fixez les brochettes sur l'un des filets de sorte qu'il reste bien droit sur la flamme. Faites griller sur toutes les faces en faisant attention à garder le cœur cru. Plongez-le ensuite dans l'eau glacée pour arrêter la cuisson. Faites de même avec le deuxième filet.
2. Épluchez et râpez le gingembre et l'ail. Ciselez les ciboules.
3. Préparez la sauce en mélangeant tous les ingrédients.
4. Coupez les filets de bonite en lamelles de 1,5 cm. Placez-les sur une planche, arrosez-les du tiers de la sauce, et tapez-les avec la main pour qu'ils s'en imbibent.
5. Disposez les lamelles de bonite dans un plat et servez, accompagné de gingembre, d'ail, de ciboule et du reste de sauce.

* Conseil de ma mère

Les bonites que l'on trouve sur les marchés français n'appartiennent pas exactement à la même espèce que les bonites japonaises. Si vous le souhaitez, vous pouvez cuire de la même façon le saumon ou l'espadon.

Cela peut vous étonner mais nous sommes de gros consommateurs de tomates au Japon. Grâce au sérieux des producteurs locaux, il existe même des variétés qui peuvent concurrencer votre cœur de bœuf ! La meilleure manière de manger une très bonne tomate selon ma mère est de la croquer entière, juste avec un peu de sel. De temps en temps, pour changer, elle prépare une petite salade comme celle-ci. Le myôga est un produit aussi beau que délicieux, dont la saveur rappelle celle du gingembre. Et je ne vous présente plus le shiso, ce basilic japonais au parfum merveilleux.

TOMATO, MYÔGA, SHISO NO SALADA

Salade de tomates
myôga et shiso

POUR 4 PERSONNES

4 belles tomates mûres à point (Momotarô, cœur de bœuf ou n'importe quelle variété goûteuse)
3 myôga
8 feuilles de shiso

POUR LA VINAIGRETTE

2 cuil. à soupe de vinaigre de riz japonais
2 cuil. à soupe de sauce soja
1 cuil. à soupe d'huile de sésame
1 cuil. à soupe de graines de sésame grillées

1. Portez une casserole d'eau à ébullition. Plongez-y les tomates pendant 5 secondes puis égouttez-les et rafraîchissez-les dans un saladier d'eau froide. Pelez-les et coupez-les en quartiers.
2. Émincez finement les myôga dans le sens de la longueur. Coupez la moitié des feuilles de shiso en chiffonnade. Déchiquetez grossièrement l'autre moitié.
3. Préparez la vinaigrette en mélangeant tous les ingrédients.
4. Mettez les tomates, la moitié des myôga et les feuilles de shiso déchiquetées dans un saladier. Arrosez-les de vinaigrette et mélangez brièvement. Placez le tout dans le réfrigérateur pendant au moins 30 minutes.
5. Sortez le saladier au dernier moment. Décorez avec le reste de myôga et de shiso et servez.

*** Conseil de ma mère**

Si vous ne trouvez pas de myôga, prenez deux échalotes et ajoutez une pointe de gingembre râpé dans la vinaigrette. Quant au shiso, difficile de le remplacer mais vous pouvez toujours essayer la coriandre ou le basilic. Vous pouvez également utiliser des pignons de pin grillés au lieu des graines de sésame.

WAKAME TO KYUURI, HOTARUIKA NO SUNOMONO

Le *sunomono*, littéralement « une chose au vinaigre », est une salade très rafraîchissante à la sauce *sanbaïzu*, un mélange de vinaigre de riz, de sauce soja et de sucre. La combinaison la plus simple est au concombre et au wakame, mais on ajoute souvent un troisième élément comme la chair de crabe, du poulet, du poulpe... Avec ma mère, nous avons choisi un ingrédient de saison, le *hotaruika*. C'est un calamar de toute petite taille (5 cm à peine) pêché entre avril et juin, dont le corps scintille pendant la saison des amours, d'où son nom *hotaru*, qui signifie « luciole ».

Concombre, wakame et chipiron « luciole »

au vinaigre doux

POUR 4 PERSONNES

1 concombre
200 g de hotaruika précuits
20 g de wakame déshydraté
1 petit morceau de gingembre frais
2 cuil. à café de sel

POUR LA SAUCE SANBAÏZU

3 cuil. à soupe de vinaigre de riz
3 cuil. à soupe de sauce soja
3 cuil. à soupe de dashi
1 cuil. à soupe de sucre roux

POUR LA DÉCORATION

Graines de sésame grillées

1. Faites tremper les wakame dans un saladier d'eau froide pour les réhydrater.
2. Épluchez partiellement (une rangée sur deux) le concombre et coupez-le en deux dans le sens de la longueur. Ôtez les pépins, puis coupez la chair en fines lamelles (à la mandoline, si possible).
3. Mettez les lamelles de concombre dans un saladier avec le sel. Mélangez à la main jusqu'à ce que les concombres rendent leur jus. Transférez-les dans une passoire et rincez-les sous l'eau. Pressez-les pour retirer le maximum d'eau, puis remettez-les dans le saladier.
4. Égouttez et pressez les wakame. Ajoutez aux lamelles de concombre.
5. Préparez la sauce sanbaïzu en mélangeant tous les ingrédients. Épluchez le gingembre, râpez-le et ajoutez à la sauce.
6. Versez un tiers de la sauce sur les lamelles de concombre et les wakame et mélangez rapidement.
7. Répartissez les concombres, les wakame et les hotaruika dans quatre coupelles. Arrosez-les du reste de la sauce et servez, parsemé de graines de sésame grillées.

.../...

* Conseil de ma mère

Pour réussir votre *sunomono*, il est important que les ingrédients soient bien égouttés avant d'être mélangés à la sauce. Pressez bien le concombre et les wakame. Dégustez rapidement après assaisonnement, avant que les ingrédients rendent leur eau.

Il est difficile de trouver ces merveilleux calamars en France. Vous pouvez les remplacer par de la chair de crabe, des calamars cuits et coupés en lanières, des tentacules de poulpe cuites et coupées en fines rondelles, du blanc de poulet cuit et effiloché, des noix de coquille Saint-Jacques... Le concombre japonais est beaucoup plus petit et fin que son cousin français. On n'a besoin ni de l'éplucher ni de l'épépiner. La variété la plus proche est le petit concombre tordu venu d'Orient. Si vous en voyez au marché, prenez-le pour tester cette recette !

C'est le déjeuner japonais typique en été. Les nouilles sont servies dans un plat en verre ou en terre cuite, rempli de glaçons. Il existe au Japon des établissements qui proposent en été le *nagashi sômen* (littéralement « sômen courant »). Cela consiste à s'assoir face à un tronc de bambou coupé en deux dans lequel l'eau coule en permanence, et d'attraper à la baguette les nouilles qui de temps en temps défilent !

SÔMEN

Nouilles sômen **servies glacées**

POUR 4 PERSONNES

500 g de sômen

POUR LES YAKUMI

1 grosse pousse de gingembre
1/4 de botte de ciboule
2 myôga (facultatif)
2 cuil. à soupe de graines de sésame grillées et broyées (facultatif)
4 feuilles de shiso (facultatif)

POUR LA SAUCE

150 ml de sauce soja
150 ml de mirin
10 g de katsuobushi (copeaux de bonite)
600 ml d'eau

Glaçons pour servir

1. Commencez par préparer la sauce. Dans une petite casserole, portez à ébullition le mirin. Versez la sauce soja et 600 ml d'eau, portez à nouveau à ébullition puis ajoutez les katsuobushi. Éteignez le feu et laissez infuser pendant 5 minutes. Filtrez et laissez refroidir complètement. Répartissez dans quatre bols.
2. Préparez les yakumi (condiments). Épluchez et râpez finement le gingembre. Émincez finement les ciboules, les myôga et les feuilles de shiso.
3. Portez une grande casserole d'eau à ébullition, plongez-y les sômen. Dès que l'eau bout à nouveau, baissez le feu et laissez cuire pendant 2 minutes sans cesser de remuer.
4. Égouttez à l'aide d'une passoire et rafraîchissez les sômen sous l'eau froide, en les frottant pour enlever le maximum d'amidon. Égouttez à nouveau.
5. Présentez les sômen dans un plat creux à l'effet rafraîchissant, en verre ou en terre cuite, avec des glaçons.
6. Servez, accompagné de la sauce et des yakumi. Pour déguster, chaque convive ajoute les yakumi de son choix dans la sauce pour la parfumer à son goût, puis y trempe les sômen.

Les yakumi sont des condiments que l'on sert en accompagnement. Ils servent à parfumer les plats, mais ont d'autres vertus. Le gingembre ou la ciboule, par exemple, sont connus pour augmenter l'appétit et renforcer les défenses immunitaires. En japonais, *yaku* signifie « médicament ».

AUTOMNE

L'automne est synonyme d'abondance. Le paysage est multicolore : l'or des rizières, le rouge des érables, le jaune des ginkos, sans compter les fruits et les baies de toutes les couleurs... À cette saison, lorsque j'étais enfant, j'adorais aller en forêt avec mes frères pour ramasser les bogues de châtaigne tombées sur un tapis de feuilles mortes. J'essayais de les ouvrir avec mes pieds pour ne pas me piquer. Quel plaisir de ramener ces châtaignes à la maison pour que maman les prépare ! La méthode la plus simple pour cuisiner les châtaignes est de les cuire à la vapeur. Il suffit de les placer dans un panier à vapeur et de laisser cuire pendant 30 minutes. Pour les manger, on les ouvre en deux pour récupérer la chair à la cuillère, comme pour un œuf à la coque. Les châtaignes sauvages sont en général de toute petite taille, mais il y a toujours des exceptions. Mon père, par exemple, avait ses repères secrets, il connaissait un endroit où les châtaigniers donnaient de grands fruits qu'il ramenait très fier. Mais, lorsqu'on lui demandait où se trouvaient ces arbres, il nous répondait invariablement : « Je vous le dirai sur mon lit de mort ». Cela fera partie de notre héritage, à condition qu'il s'en souvienne...

長野県 神木 科の木
天然記念
熊野皇大神社
軽井沢町 鎮座
心の健康をお守りする
賽銭
碓氷峠 熊野神
献

La châtaigne japonaise (*kuri*) est un peu différente de sa cousine française. Elle est de couleur jaune tendre et a une texture mi-croquante mi-farineuse. Les Japonais adorent les aliments sucrés et farineux (comme la patate douce ou le potimarron), ce qui explique la grande popularité de la châtaigne. On l'apprécie sous différentes formes tout au long de l'année : en gâteaux, crèmes, au sirop... Mais c'est seulement en automne qu'on a le privilège de goûter aux châtaignes fraîches, qui sont de loin les meilleures.

KURI OKOWA

Riz gluant aux châtaignes

POUR 4 PERSONNES

400 g de châtaignes
650 g de riz gluant
1 cuil. à soupe de sucre
2 cuil. à café de sel
40 ml de saké

POUR SERVIR

Un peu de gomashio

1. La veille, rincez le riz gluant plusieurs fois, égouttez et laissez tremper dans un saladier rempli d'eau pendant toute une nuit.
2. Portez à ébullition une casserole d'eau et faites bouillir les châtaignes pendant 3 à 4 minutes. Laissez-les refroidir dans l'eau de cuisson.
3. Préparez un saladier d'eau froide. Sortez une par une les châtaignes de leur eau de cuisson et épluchez-les à l'aide d'un petit couteau, en incisant d'abord la partie arrondie. Si vous avez du mal à enlever la peau intérieure, grattez-la pour l'enlever complètement. Laissez tremper dans le saladier d'eau pendant que vous épluchez le reste, cela les empêche de se décolorer.
4. Portez à nouveau une casserole d'eau à ébullition. Faites bouillir les châtaignes pendant 5 minutes. Égouttez.
5. Placez un torchon propre et humide dans un panier à vapeur. Disposez dessus le riz gluant égoutté et les châtaignes. Parsemez de sel. Faites bouillir de l'eau dans la marmite, puis placez par-dessus le panier. Repliez les bords du torchon sur le riz et couvrez avec le couvercle. Laissez cuire à feu vif pendant 20 minutes.
6. Mélangez dans 160 ml d'eau le sucre et le saké. Transférez le riz gluant et les châtaignes dans une grande assiette creuse. Arrosez-les du liquide, mélangez délicatement avec une spatule et remettez le tout dans le panier. Laissez cuire encore 20 minutes avec le couvercle.
7. Dégustez, accompagné de gomashio ou, à défaut, de graines de sésame grillées et de sel.

*** Conseil de ma mère**

Le riz gluant cuit (*okowa*) doit être consommé très rapidement, car il durcit en refroidissant. Une fois refroidi, vous pouvez le réchauffer au micro-ondes pour le ramollir, mais ne le gardez pas plus de 24 heures et surtout pas au réfrigérateur !

Les champignons aiment beaucoup la terre humide du Japon. Surtout après un été particulièrement chaud, la montagne offre une variété impressionnante de champignons sauvages qui attirent les amateurs. Le roi des champignons japonais est le *matsutake*, le champignon des pins. Ce champignon, qui pousse au pied des pins rouges, a une chair ferme, fibreuse et extrêmement parfumée. C'est un peu la truffe locale, en raison de son prix faramineux, mais aussi parce que personne n'a trouvé le moyen de le cultiver. Malheureusement, le *matsutake* ne pousse pas dans notre forêt, mais c'est peut-être un mal pour un bien : une forêt à *matsutake* risque d'attirer toutes les convoitises...

KINOKO NO OROSHI AE

Champignons **au daïkon râpé**

POUR 4 PERSONNES

500 g de champignons mélangés (sauvages, si possible)
400 g de daïkon
80 ml de dashi
1 cuil. à soupe de saké
1 cuil. à soupe de mirin
2 cuil. à soupe de sauce soja
1 botte de ciboule
1 kabosu ou 1 citron vert

Huile pour la cuisson

1. Rincez rapidement les champignons dans un saladier rempli d'eau froide, égouttez puis enlevez les pieds. Séchez bien à l'aide d'un torchon propre.
2. Chauffez à feu vif une poêle légèrement huilée. Disposez dessus les champignons, en évitant de surcharger l'ustensile. Faites-les saisir sans les brûler.
3. Dans une petite casserole, portez à ébullition le dashi, le saké et le mirin. Hors du feu, ajoutez la sauce soja et mélangez.
4. Épluchez le daïkon et râpez-le très finement, à la râpe japonaise si possible. Transférez dans une passoire pour enlever l'excédant d'eau. Émincez les ciboules.
5. Mélangez dans un saladier les champignons grillés et le mélange au dashi. Laissez mariner pendant 10 minutes, puis ajoutez le daïkon râpé et égoutté, et la moitié des ciboules. Mélangez, ajustez l'assaisonnement si nécessaire.
6. Présentez les champignons dans quatre coupelles et servez, accompagné des ciboules restantes et du kabosu (ou du citron vert) coupé en quartiers.

*** Conseil de ma mère**

**Parmi les champignons du marché, je vous recommande les cèpes, les trompettes de la mort, les pieds de mouton, les pleurotes, les girolles, les shiitake, les enoki...
Dans la recette classique, on fait cuire les champignons dans le dashi assaisonné, mais je préfère cette version plus goûteuse.
Si les champignons sont trop petits pour être grillés, faites-les revenir à l'huile dans une poêle.**

Pour bon nombre de Japonais, le sanma est le produit de l'automne. Pendant la période de pêche, entre août et novembre, on dévore ce poisson migrateur très savoureux et bon marché. La tradition est de le griller à l'extérieur pour éviter la fumée particulièrement abondante...

SANMA NO SIOYAKI

Sanma grillé au sel tout simplement

1. Rincez les sanma sous l'eau, séchez-les et parsemez-les de sel. Laissez reposer 10 minutes pour faire sortir l'excédent d'eau.
2. Épluchez le daïkon et râpez-le finement, à la râpe japonaise si possible. Pressez-le pour enlever l'excédent d'eau. Coupez les sudachi en deux (en quatre si vous utilisez le citron vert).
3. Épongez les sanma puis faites des incisions sur les deux faces.
4. Faites-les griller au barbecue ou dans le gril du four, en tournant de temps en temps, jusqu'à ce qu'ils soient bien grillés.
5. Servez les sanma, accompagné de daïkon râpé, de quartiers de sudachi (ou de citron vert) et de sauce soja.

POUR 4 PERSONNES

4 sanma
2 cuil. à soupe de sel fin
400 g de daïkon
2 sudachi ou 1 citron vert
sauce soja

* Conseil de ma mère

Puisque le sanma est l'un des rares poissons que l'on mange en entier (avec la tête et les intestins), il est important qu'il soit frais. On reconnaît un poisson frais à son corps ferme et brillant, ses yeux clairs et bombés, ses ouïes rose vif. En France, vous trouverez du sanma surgelé dans les épiceries japonaises, coréennes ou chinoises. Le sudachi est un petit agrume japonais acide et très parfumé.

CAINZ HOME
木炭 3kg
バーベキュー用
木炭
3kg
大きめのサイズで、火持ちが良いのが特長です。

新潟放送
ラジオNIKKEI
03-3583-8151
25

HIVER

L'hiver à Karuizawa est long et rigoureux, pourtant mes souvenirs d'enfance sont remplis d'images joyeuses. Dès qu'on avait un moment avec mes frères, on partait en montagne à la recherche de belles pentes enneigées pour jouer à la luge. Et quand on rentrait pour le goûter, on ramassait de la neige toute fraîche que l'on arrosait de lait et saupoudrait de sucre. C'était pour nous le meilleur dessert du monde, même si notre mère nous répétait que la neige, même fraîche, n'est pas très propre... On aimait aussi lécher les petites aiguilles de glace qui brillaient au bout des branches d'arbre. À la maison, on s'installait tous ensemble autour d'un *kotatsu*, un meuble bas contenant un petit chauffage électrique recouvert d'un futon fixé par un dessus de table. La chaleur diffusée créait une sorte d'oasis au milieu de la pièce glaciale. Le *kotatsu* est loin de l'esthétique zen, mais c'est un meuble pratique autour duquel toute la famille prend plaisir à se réunir. L'hiver n'avait rien de déplaisant alors. Il était chaleureux et convivial.

Qui dit hiver dit *nabe* ! Le *nabe*, c'est la fondue à la japonaise. Le principe est simple. On s'installe autour d'une marmite pleine de bouillon, posée au milieu de la table sur un petit réchaud à gaz. On pose à côté les ingrédients prédécoupés, et après à chacun de jouer ! À la fin, on ajoute du riz ou des nouilles dans le bouillon parfumé pour faire une bouillie goûteuse. Le *nabe* est très complet, car il comprend à la fois du bouillon, des légumes, du poisson ou/et de la viande et des féculents. C'est aussi un plat très convivial car chacun mange ce qu'il veut à son rythme tout en restant autour de la même marmite. On peut imaginer toutes sortes de *nabe*, mais celui que je préfère est au canard, le *kamo nabe*. Et surtout, j'aime les soba que l'on déguste avec le bouillon à la fin.

KAMO NABE

Fondue au canard

POUR 4 PERSONNES

2 cuisses de canard
2 filets de canard
4 poireaux
1 botte de cresson
2 navets
8 shiitake
1 tôfu
1 carré de kombu
de 5 cm de côté
4 cuil. à soupe de sauce soja
3 cuil. à soupe de saké
2 cuil. à soupe de mirin
200 g de soba
1 marmite en céramique,
« donabe »

POUR SERVIR

Shichimi

1. Remplissez une marmite en céramique d'eau à moitié. Faites-y tremper le carré de kombu pendant que vous préparez les ingrédients.

2. Désossez les cuisses de canard (réservez les os) et coupez la chair en petits morceaux. Coupez les filets en lamelles de 6 à 7 mm.

3. Rincez et séchez les légumes. Ôtez 5 cm de la partie basse des cressons. Coupez le reste en deux dans le sens de la longueur. Gardez les verts des poireaux pour le bouillon et coupez les parties blanches en biais, en tronçons de 2 cm d'épaisseur, en gardant 10 cm que vous émincez finement (pour les soba de la fin). Épluchez les navets et coupez-les en quartiers. Ôtez les pieds des shiitake. Faites des incisions en forme de croix sur leurs chapeaux. Disposez joliment tous ces ingrédients dans un ou deux plats.

4. Ajoutez les os des cuisses de canard et les parties vertes des poireaux dans la marmite, portez le tout à ébullition sur feu moyen. Faites mijoter pendant 15 minutes en écumant régulièrement, puis retirez le kombu, les os et les poireaux. Versez dans le bouillon le saké, le mirin et la sauce soja.

5. Transférez la marmite sur le réchaud posé au milieu de la table. Distribuez une coupelle, une cuillère et une paire de baguettes à chacun des convives. Vous aurez aussi besoin d'une paire de baguettes longues pour manipuler les ingrédients dans la marmite et d'une écumoire pour attraper les tôfu.

6. Commencez d'abord par mettre les ingrédients qui demandent une cuisson plus longue, comme la chair des cuisses de canard, les poireaux, les navets, les shiitake ou les tiges de cresson. Laissez cuire tranquillement. Pendant ce temps, faites cuire les autres ingrédients qui ne nécessitent qu'une brève cuisson, comme les tranches de filet de canard ou les feuilles de cresson. Le tôfu, qui ne demande qu'à être réchauffé mais qui ne craint pas une surcuisson, peut aussi être mis au début. Chaque convive se sert dans la marmite au fur et à mesure que les ingrédients cuisent. Parsemez vos aliments de shichimi pour une touche épicée.

7. Pour terminer le repas, faites cuire les soba dans de l'eau bouillante pendant 5 à 6 minutes, jusqu'à ce qu'ils soient al dente. Égouttez-les dans une passoire, puis rafraîchissez-les sous l'eau froide en les frottant pour retirer le maximum d'amidon. Présentez-les sur une natte et servez.

8. Assaisonnez le bouillon avec le mirin et la sauce soja (hors ingrédients) pour obtenir un bouillon plus corsé et salé qu'au début. Versez ce bouillon dans les coupelles de chaque convive pour y tremper ses soba, accompagnées de poireau émincé et de shichimi.

*** Conseil de ma mère**

La marmite « donabe » ainsi que le petit réchaud à gaz se trouvent dans les magasins asiatiques. Le shichimi est un mélange de sept épices japonaises. Selon le fabriquant, il est plus ou moins épicé.

Le *hôtô* est une spécialité régionale de Yamanashi. Comme cette région est proche de la nôtre, cette délicieuse marmite de pâtes maison fait partie du répertoire culinaire de ma mère. Sauf que chez nous, le bouillon est assaisonné à la sauce soja et non au miso comme dans la recette authentique. À la différence des udon ou des soba que l'on cuit séparément avant de les verser dans le bouillon chaud, les grosses pâtes du *hôtô* cuisent directement dans le bouillon dans lequel mijotent déjà des légumes. Cette technique donne une onctuosité particulière au plat et le miso complète à merveille cette texture. Avec la sauce soja, le résultat est plus léger.

HÔTÔ

Marmite de pâtes maison **et légumes**

POUR 4 PERSONNES

Pour la pâte
400 g de farine
200 ml d'eau
20 g de sel

POUR LE BOUILLON

800 ml de dashi
2 cuil. à soupe de saké
1 poireau
1/4 de chou chinois
1/4 de potimarron
1 carotte
1/2 aubergine
10 cm de daïkon
100 g de pleurotes
2 abura-age (tôfu frits)
2 koya dôfu (tôfu séchés)
120 g de miso (6 cuil. à soupe environ)
4 cuil. à soupe d'huile végétale

POUR SERVIR

1 blanc de poireau ou 2 oignons nouveaux finement émincés
Shichimi

1. Commencez par préparer la pâte. Diluez le sel dans l'eau. Mettez la farine dans un saladier et versez l'eau au fur et à mesure, en mélangeant avec une main pour obtenir une pâte homogène mais non collante (vous n'aurez probablement pas besoin de toute la quantité d'eau). Transférez la pâte sur un plan de travail fariné et pétrissez-la jusqu'à ce qu'elle ne colle plus aux doigts. Placez la pâte dans un sac en plastique et laissez-la reposer pendant 1 heure, à température ambiante.

2. Remettez la pâte sur le plan de travail fariné et pétrissez-la à nouveau pendant quelques secondes. Divisez la pâte en quatre boules. À l'aide d'un rouleau à pâtisserie, étalez chaque boule de pâte jusqu'à ce qu'elle fasse de 3 à 5 mm d'épaisseur environ. Farinez abondamment le dessus, puis pliez en quatre. Faites de même avec les trois autres boules. Coupez les pâtes pliées en lanières de 1 cm. Aérez et farinez les pâtes pour qu'elles ne collent pas entre elles.

.../...

Le *koya dôfu* est le tôfu déshydraté. C'est l'une des sources importantes de protéines pour les moines bouddhistes de Koyasan. Avant utilisation, il faut le laisser tremper dans l'eau pendant quelques minutes pour le réhydrater, puis presser pour enlever l'excédent d'eau.

.../...

* Conseil de ma mère

Comme n'importe quelle recette rustique, il n'y a pas de règle stricte pour réaliser le *hôtô*. Aucun légume n'est irremplaçable. Mon *hôtô* est végétalien, mais il n'est pas interdit d'ajouter du poulet ou du porc. Si vous voulez goûter au *hôtô* à la sauce soja, remplacez le miso par quatre cuillerées à soupe de sauce soja.

3. Émincez finement le poireau en biais. Coupez en bâtonnets le chou chinois, la carotte épluchée, l'aubergine, le daïkon épluché, les tôfu frits et les tôfu séchés préalablement réhydratés. Coupez le potimarron en dés avec la peau. Coupez les pleurotes en petits morceaux.

4. Chauffez l'huile dans une grande marmite à feu vif, faites-y revenir tous les légumes ainsi que les tôfu pendant 5 minutes. Versez le dashi et le saké et portez à ébullition. Écumez, baissez le feu et laissez mijoter pendant 20 minutes, jusqu'à ce que les légumes soient tendres.

5. Diluez le miso dans le jus de cuisson à travers un tamis (pour éviter les grumeaux) et ajustez l'assaisonnement si nécessaire.

6. Ajoutez les pâtes en veillant à ce qu'elles ne collent pas entre elles. Laissez cuire encore quelques minutes.

7. Lorsque les pâtes sont cuites, ajustez une dernière fois l'assaisonnement et servez, accompagné de poireau cru émincé et de shichimi.

L'une des spécialités de Nagano s'appelle *oyaki*. C'est un petit gâteau salé rond et plat, fourré aux légumes cuisinés, qui a été inventé pour pallier le manque de riz dans cette région au climat rude. Devenu le symbole gastronomique de la localité, des nombreux touristes tombent sous le charme de ce petit en-cas simple. Autrefois, ce gâteau était grillé puis cuit dans la cendre ; aujourd'hui, il est poêlé puis cuit à la vapeur. Les farces, toujours à base de légumes (pauvreté oblige), sont souvent agrémentées d'une sauce sucrée-salée, à base de sauce soja, de miso, de sucre...

OYAKI

Oyaki

POUR 20 OYAKI

POUR LA PÂTE

500 g de farine
350 ml d'eau bouillante
1 cuil. à café de sel fin

POUR LA CUISSON

2 ou 3 cuil. à soupe d'huile de tournesol (pour un goût neutre), de sésame ou d'olive (si vous voulez un résultat plus parfumé)

1. Placez la farine et le sel dans une jatte. Versez l'eau bouillante tout en mélangeant avec une paire de baguettes (ou une fourchette). Lorsque la farine et l'eau commencent à former une pâte, transférez-la sur le plan de travail fariné. Pétrissez la pâte jusqu'à ce qu'elle devienne lisse et homogène, pendant 10 minutes environ.
2. Façonnez une boule avec la pâte. Couvrez-la d'abord avec un linge humide, puis avec un film alimentaire. Laissez reposer à température ambiante pendant au moins 30 minutes.
3. Divisez la pâte en vingt morceaux de tailles égales. À l'aide d'un rouleau à pâtisserie, étalez un morceau de pâte pour former un cercle de 12 cm de diamètre environ. Posez au centre deux grandes cuillerées à café de farce. Repliez la pâte sur elle-même, puis soudez les bords en appuyant bien avec vos doigts. Enfin, façonnez la pâte pour donner une forme ronde et plate au gâteau. Faites de même avec le reste de pâte.
4. Chauffez à feu moyen une poêle avec l'huile, et faites dorer les gâteaux sur les deux faces.
5. Transférez les gâteaux dans le panier d'un cuit-vapeur sans les chevaucher, et faites cuire à feu vif pendant 10 minutes.

Voici quelques idées de farce faciles à réaliser :

Aubergine au miso

Faites rissoler une aubergine à moitié épluchée et coupée en petits dés dans 2 cuillerées à soupe d'huile de tournesol, jusqu'à ce qu'elle soit fondante. Assaisonnez avec 2 cuillerées à soupe de saké, 2 cuillerées à soupe de miso brun, 1 cuillerée à soupe de sucre et 1/2 cuillerée à soupe de sauce soja.

Potimarron

Faites cuire 300 g de chair de potimarron à la vapeur ou au micro-ondes. Écrasez-la, et assaisonnez avec 1/2 cuillerée à café de sel et 2 cuillerées à soupe de sucre. Pour cette farce, je vous recommande d'incorporer quelques grains de sésame dans la pâte lorsque vous la confectionnez.

Champignons

Faites cuire dans 2 cuillerées à soupe d'huile d'olive 200 g de champignons coupés (pleurotes et shiïtake, par exemple) avec une gousse d'ail hachée. Versez 2 cuillerées à soupe de saké et 2 cuillerées à soupe de sauce soja, et laissez évaporer.

Blette et pignons de pin

Je me suis inspirée de la tourte aux blettes niçoise pour préparer cette farce. Faites cuire dans une sauteuse un petit pied de blette coupé en fines lanières avec 2 cuillerées à soupe d'huile d'olive et un petit piment rouge. Versez 1 cuillerée à soupe de sucre, 2 cuillerées à soupe de saké et 2 cuillerées à soupe de sauce soja. Couvrez et laissez cuire à feu doux pendant 15 minutes. Ôtez le couvercle et laissez évaporer complètement le jus de cuisson avant d'ajouter 2 cuillerées à soupe de pignons de pin grillés.

PLATS
DE
FÊTES

L'ANNÉE AU JAPON EST SCANDÉE PAR DE TRÈS NOMBREUSES FÊTES TRADITIONNELLES, LES MATSURI. IL N'Y A PAS UN SEUL MOIS SANS DES FÊTES OU DES ÉVÉNEMENTS À CÉLÉBRER ! CERTAINS RITES, D'ORIGINE SHINTOÏSTE, HONORENT DE MULTIPLES DIVINITÉS, LES KAMI. CES FÊTES CONSTITUENT DES TEMPS FORTS DE LA VIE FAMILIALE.

NOUVEL AN

Oshôgatsu, la fête du nouvel an, est l'une des fêtes les plus importantes de l'année. Pour accueillir la divinité de l'An (*toshigamisama*), il faut que la maison soit impeccable et décorée, et les repas pour les trois premiers jours de l'année préparés à l'avance. À partir du 31 décembre au soir, la tradition veut que l'on ne fasse rien ! Les mets préparés pour l'occasion (*osechi ryôri*) sont présentés dans l'*ojû bako,* un beau coffret en bois laqué de trois ou cinq étages, sorte de *bentô* des grandes occasions. La composition des *osechi ryôri* est très codée. Chaque préparation exprime un vœu : les gambas pour la longévité, les œufs de hareng pour la fécondité, la crème de marron pour la prospérité...

Le soir du 31 décembre, les Japonais ont coutume de se réunir en famille et de manger des soba, les longues pâtes fines au sarrasin, qui symbolisent aussi le souhait d'une vie longue et heureuse, aussi modeste soit-elle. À minuit, les gongs de tous les temples bouddhistes sonnent 108 fois et beaucoup de Japonais se rendent au temple shinto du quartier pour faire des vœux. Pas de fête ni de pétards, le calme absolu enveloppe alors le pays. Chuuuut ! La divinité de l'An arrive !

二00八年
お母さんと
頭が良くなります様に
AYAME
○頭がよくなりますように。

Le premier repas de l'année commence par un bol d'*ozôni*, un bouillon auquel on ajoute du *mochi*, une pâte à base de riz gluant (le mochi est l'aliment qui symbolise les fêtes japonaises, notamment celles du Nouvel An), ainsi que des produits de la terre et de la mer. La composition du traditionnel *ozôni* varie d'une région à l'autre, suivant les spécialités locales. Il y a cependant deux grandes tendances dans le pays. Dans l'Est du Japon, le bouillon est clair, assaisonné à la sauce soja, et le *mochi* utilisé, qui est rectangulaire, est grillé avant d'être incorporé au bouillon. Dans l'Ouest, le bouillon est trouble parce qu'il est assaisonné au miso, et le mochi, directement cuit dans le liquide, est rond. Originaire de l'Est, je vous donne la recette de ma mère, que je fais aussi le jour de l'an à Paris.

OZÔNI

Bouillon de la fête **du nouvel an**

POUR 4 PERSONNES

80 cl de dashi
8 morceaux de mochi
1/2 cuisse de poulet désossée
4 crevettes roses
50 g d'épinards
1/2 carotte
5 cm de daïkon
4 shiitake séchés ou 1 touffe de shimeji séparée en quatre
zestes de yuzu
2 cuil. à soupe de saké
1 cuil. à café de sel
1 cuil. à café de sauce soja

1. Laissez tremper les shiitake dans 10 cl d'eau pendant au moins 1 heure.
2. Préparez le dashi.
3. Coupez la cuisse de poulet en huit morceaux. Épluchez la demi-carotte et le daïkon. Coupez-les en quatre dans le sens de la longueur, puis en lamelles de 3 mm d'épaisseur.
4. Coupez les shiitake en deux. Filtrez l'eau de trempage et ajoutez-la au dashi.
5. Faites blanchir les épinards dans de l'eau bouillante salée pendant 2 à 3 minutes, puis rafraîchissez-les sous l'eau froide. Pressez-les, puis coupez-les en quatre.
6. Chauffez le dashi dans une casserole à feu vif. Ajoutez le saké, le poulet, la demi-carotte, le daïkon et les shiitake (ou les shimeji).
7. Lorsque tous les ingrédients sont cuits (comptez environ 5 minutes), ajoutez les crevettes roses décortiquées. Versez le sel et la sauce soja.
8. Faites griller les mochi sous le gril au four préchauffé jusqu'à ce qu'ils gonflent.
9. Dans quatre grands bols laqués, disposez harmonieusement les mochi, les épinards et le reste des ingrédients. Versez doucement le bouillon chaud par-dessus, puis parsemez le tout de zestes de yuzu. Servez aussitôt.

L'une des recettes incontournables du nouvel an est le *nishime*, un assortiment de légumes doucement mijotés dans le dashi. Pour cela, on prend des légumes-racines, comme la carotte, le daïkon, la racine de lotus, le taro... auxquels on associe des produits séchés comme les shiitake ou le tôfu. Pour réaliser un véritable *onishime*, il faut d'abord un très bon dashi puis cuire séparément chaque ingrédient dedans. Pour se faciliter la tâche, on a opté depuis quelques années pour le *chikuzen-ni*, un plat similaire mais nettement moins compliqué à faire. On n'a même pas besoin de dashi car le poulet donne suffisamment de goût.

CHIKUZEN-NI

Légumes-racines et poulet mijotés

à la mode de chikuzen

POUR 4 PERSONNES

1 cuisse de poulet désossée
1 carotte
1 racine de lotus
1 gobô
2 taros
6 shiitake séchés
1 konnyaku
20 cl de saké
50 g de sucre
8 cl de sauce soja
2 cuil. à soupe d'huile végétale

*** Conseil de ma mère**

Le konnyaku est une gelée solide confectionnée à partir du tubercule de konjac. Comme il n'a presque pas de goût, il absorbe les saveurs des autres ingrédients avec lesquels il est cuisiné. Très peu calorique, c'est un aliment recommandé en cas de régime.

1. Laissez tremper les shiitake dans un petit bol d'eau tiède pendant 1 heure.
2. Épluchez la carotte, la racine de lotus et les taros. Brossez le gobô sous l'eau courante.
3. Taillez les légumes en petits morceaux, en coupant en biais et en tournant les légumes au fur et à mesure (*rangiri*). Coupez les shiitake réhydratés en deux. Détaillez le konnyaku à la main, pour qu'il soit de la même dimension que les légumes. Coupez la cuisse de poulet avec sa peau en petits morceaux.
4. Portez une petite casserole d'eau à ébullition, faites blanchir les morceaux de konnyaku pendant 2 à 3 minutes, puis égouttez.
5. Dans une autre casserole, portez à ébullition le saké avec 20 cl d'eau. Ajoutez les morceaux de poulet et laissez cuire à feu moyen pendant 3 à 4 minutes. Écumez, puis ajoutez la sauce soja et le sucre. Laissez frémir pendant 15 minutes. Gardez le poulet dans son jus de cuisson.
6. Pendant ce temps, mettez à chauffer l'huile dans une marmite et faites revenir à feu vif les légumes et le konnyaku. Lorsque les légumes sont luisants, versez le jus de cuisson du poulet sans les morceaux de poulet que vous réservez. Couvrez avec un papier de cuisson que vous percez (*otoshi buta*), puis laissez mijoter pendant 20 minutes, jusqu'à ce que les légumes soient tendres, sans être fondus. À ce stade, il ne doit rester qu'un petit fond de jus de cuisson. S'il en reste beaucoup, continuez la cuisson à découvert pour faciliter l'évaporation.
7. Ajoutez les morceaux de poulet et laissez cuire encore 5 minutes. Ajustez l'assaisonnement et servez.

Présent dans l'océan Pacifique, entre les côtes d'Hawaï et du Japon, le **buri** est un poisson très apprécié des Japonais. Sa chair goûteuse, à déguster crue ou cuite, atteint des sommets entre Noël et février lorsque le poisson s'est engraissé. Ce n'est donc pas un hasard si, dans certaines régions du Japon, le buri figure au menu de fête du nouvel an. Dans ma région par exemple, le teriyaki de buri est incontournable le soir du 31 décembre, tout comme les soba.

BURI NO TERIYAKI

Teriyaki **de buri**

1. Dans un plat creux, mélangez la sauce soja, le mirin et le saké.
2. Faites mariner les pavés de buri dans ce mélange pendant au moins 1 heure, en les retournant à mi-temps. Puis égouttez-les et conservez la marinade.
3. Mettez à chauffer l'huile dans une grande poêle antiadhésive et faites cuire les pavés de buri à feu moyen pendant 5 minutes, en les retournant à mi-cuisson.
4. Versez dessus la marinade. Faites réduire la sauce en retournant délicatement les buri, jusqu'à ce qu'ils soient laqués par la sauce sirupeuse. Servez.

POUR 4 PERSONNES

4 pavés fins de buri
6 cl de sauce soja
6 cl de mirin
3 cl de saké
1 cuil. à soupe d'huile végétale

* **Conseil de ma mère**

Le buri n'a pas d'équivalent français. Mais vous pouvez réaliser cette recette avec du saumon ou de l'espadon. En teriyaki, c'est tout aussi délicieux.

Manger des haricots pour démarrer la nouvelle année est une grande tradition japonaise. *Mame*, qui signifie « haricot » en japonais, veut aussi dire « studieux » et « en bonne santé ». Manger des haricots au nouvel an revient à se souhaiter une vie en bonne santé, avec beaucoup de travail à la clé. Traditionnellement, on cuisine des haricots noirs (*kuromame*) dont la couleur chasserait les mauvais esprits, mais ma mère met à l'honneur une autre sorte de haricot, que l'on trouve dans notre région : le *hanamame*. C'est un haricot de très grande taille à la belle apparence de marbre noir et violet. Sa surface lisse et brillante est parfaite pour une cuisson au sirop.

HANAMAME NO KANRO-NI

Hanamamé au sirop

POUR 4 PERSONNES

500 g de hanamame
500 g de cassonade
1 pincée de sel

1. La veille, mettez les *hanamame* dans un saladier rempli d'eau froide et laissez tremper toute la nuit.
2. Transférez les *hanamame* égouttés dans une grande casserole. Couvrez d'eau, puis portez à ébullition. Égouttez, puis remettez dans la casserole avec à nouveau de l'eau froide, puis portez à ébullition. Répétez l'opération encore deux fois.
3. Remettez les *hanamame* égouttés dans la casserole. Couvrez-les d'eau froide, puis d'un papier sulfurisé percé et découpé au diamètre de la casserole (*kami buta*). Portez à ébullition, puis baissez le feu au minimum, couvrez avec un couvercle, et laissez mijoter jusqu'à ce que les *hanamame* soient tendres.
4. Ajoutez la cassonade et laissez mijoter à découvert pendant 20 minutes.
5. Ajoutez le sel, mélangez doucement. Laissez refroidir dans le sirop.

*** Conseil de ma mère**

Pour éviter que les haricots soient écrasés, surveillez la cuisson et veillez à ce qu'il reste toujours suffisamment d'eau. Les haricots doivent être cuits avant d'ajouter le sucre. Préparez ces hanamamé la veille. Une fois qu'ils ont refroidi dans leur sirop, mettez-les au réfrigérateur. Ils sont meilleurs frais. Ces haricots au sirop sont délicieux tels quels, mais je les aime aussi accompagnés d'une glace à la vanille ou d'un yaourt nature.

FÊTE DES FILLES ET FÊTE DES GARÇONS

Chaque année, le 3 mars, les Japonais célèbrent la fête des petites filles, *hina matsuri* (littéralement « fête des poupées »). Ce jour-là, tous les foyers qui comptent une fille exposent les *ohinasama*, les poupées qui représentent les personnages de la cour impériale de l'ère Heian, et les disposent sur une estrade couverte d'un tapis rouge, avec, au plus haut niveau, l'empereur et l'impératrice dans leurs splendides kimonos... Dans la journée, j'adorais contempler mes *ohinasama*, mais le soir, en revanche, j'osais à peine passer devant, tant elles m'intimidaient dans la pénombre !

Comme j'ai deux frères, le 5 mai, on fêtait aussi le *kodomonohi*, la fête des jeunes garçons. À l'intérieur de la maison, on exposait un casque de samouraï miniature et, à l'extérieur, on avait coutume d'accrocher à une perche en bambou, des *koinobori*, des gigantesques carpes en toile de toutes les couleurs, symbolisant le courage et la persévérance.

Ces fêtes qui permettent de souhaiter bonheur et santé aux enfants sont des rites importants. Et le 5 mai, la vue d'une multitude de carpes flottant au vent est tout simplement magnifique !

Au mois de mars, les clams et les palourdes arrivent à maturité, ce qui explique que l'on prépare à l'occasion de la fête des petites filles le traditionnel bouillon aux clams. Malheureusement, les clams se font de plus en plus rares sur notre littoral en raison de la surpêche et de la pollution. Ceux que l'on trouve sur les marchés sont, pour la plupart, importés de Corée ou de Chine. Ma mère ajoute au dernier moment des pétales de chrysanthème, un clin d'œil pour cette fête très girly.

HAMAGURI NO OSUIMONO

Bouillon clair **aux clams**

1. Essuyez légèrement le kombu avec un tissu propre sans ôter les traces blanches (cristaux d'umami). Mettez-le dans une casserole avec l'eau. Laissez tremper pendant 1 heure.
2. Rincez les clams à l'eau froide. Égouttez-les et ajoutez-les à la casserole. Portez tout doucement à ébullition.
3. Dès que l'eau bout, retirez le kombu, puis laissez mijoter à feu très doux pendant 3 minutes.
4. Assaisonnez avec la sauce soja et le sel.
5. Répartissez le bouillon dans quatre bols. Servez chaud, parsemé d'une feuille de sanshô et de pétales de chrysanthème.

POUR 4 PERSONNES

8 gros clams
50 cl d'eau
1 carré de kombu de 5 cm de côté
1/2 cuil. à café de sauce soja (claire de préférence)
1 pincée de sel

POUR SERVIR

4 jeunes feuilles de sanshô
Fleurs de chrysanthème comestibles

* Conseil de ma mère

Pour ne pas rendre le bouillon trouble, il est important de le cuire à feu très doux.

Chirashizushi pour les filles, chirashizushi pour les garçons

Les sushi ne se limitent pas aux *maki* ou aux *nigiri*. Il existe en réalité toutes sortes de sushi car c'est le riz vinaigré (*sumeshi*) et non le poisson cru qui caractérise le sushi. Le *chirashizushi* en est un. *Chirashi* signifiant « éparpillé », il s'agit de riz vinaigré sur lequel on a disposé différents ingrédients crus ou cuits. C'est un plat décontracté que l'on prépare souvent à la maison pour célébrer un événement. Pour la fête des petites filles, ma mère me préparait un *chirashi* aux couleurs tendres et printanières. En revanche, pour la fête des jeunes garçons, elle en préparait un aux anguilles grillées. Bref, la composition d'un chirashizushi est totalement libre.

SUMESHI

Riz vinaigré

POUR 4 PERSONNES

55 cl de riz japonais
55 cl d'eau
1 carré de kombu de 5 cm de côté
5 cuil. à soupe de vinaigre de riz japonais
2 cuil. à soupe de sucre
1 cuil. à café de sel

1. Préparez le riz comme indiqué à la page 10, en ajoutant le carré de kombu à tremper avec le riz au début de la préparation.

2. Mélangez le vinaigre, le sucre et le sel. Vous pouvez légèrement chauffer le mélange dans une petite casserole pour aller plus vite.

3. Ôtez le kombu et transférez le riz cuit encore brûlant dans un saladier. Versez dessus le vinaigre assaisonné et mélangez délicatement à l'aide d'une spatule à riz. Couvrez avec un torchon légèrement humide, puis laissez tiédir.

*** Conseil de ma mère**

Pour préparer le sushimeshi, on diminue la quantité d'eau par rapport à un riz nature, car on ajoute le vinaigre assaisonné après la cuisson. Le mélange du riz et du vinaigre se fait traditionnellement dans un grand bac en bois d'hinoki, qui ajoute une note boisée.

HINAMATSURI NO CHIRASHIZUSHI

Chirashizushi pour la fête des petites filles

POUR 4 PERSONNES

10 crevettes roses
50 g d'œufs de saumon
3 cuil. à soupe de graines de sésame grillées
100 g de kohada au vinaigre

POUR LE SUMESHI

55 cl de riz japonais
55 cl d'eau
1 carré de kombu de 5 cm de côté
5 cuil. à soupe de vinaigre de riz japonais
2 cuil. à soupe de sucre
1 cuil. à café de sel

POUR LA CUISSON DES POIS GOURMANDS

100 g de pois gourmands
1/2 cuil. à soupe de sauce soja

POUR LA CUISSON DE LA RACINE DE LOTUS

100 g de racine de lotus
3 cuil. à soupe de vinaigre de riz
3 cuil. à soupe d'eau
1 cuil. à soupe de sucre
1 pincée de sel

POUR LES FINES OMELETTES

2 œufs
1/2 cuil. à soupe de sucre
1 pincée de sel
Huile végétale

POUR SERVIR

Gingembre au vinaigre
Fleurs de chrysanthème comestibles

1. Préparez le *sumeshi* comme indiqué à la page 134.

2. Épluchez la racine de lotus, coupez-la en deux dans le sens de la longueur, puis en tranches fines.

3. Dans une petite casserole, portez à ébullition le vinaigre de riz, l'eau, le sucre et le sel. Ajoutez les tranches de lotus et faites cuire à feu moyen pendant 3 à 4 minutes. Laissez-les refroidir dans leur jus de cuisson.

4. Ôtez si besoin le fil des pois gourmands. Faites-les blanchir dans de l'eau bouillante salée pendant 2 minutes. Rafraîchissez-les sous l'eau froide, égouttez-les et coupez-les en lanières. Assaisonnez-les avec la sauce soja.

5. Décortiquez les crevettes. Coupez la moitié des queues en deux dans le sens horizontal. Coupez le reste en petits morceaux. Coupez également le kohada en petits morceaux.

6. Battez les œufs dans un saladier avec le sucre et le sel. Faites cuire en plusieurs fois, dans une poêle antiadhésive huilée, comme si vous prépariez des crêpes. Superposez les fines omelettes sur une planche, puis enroulez-les pour les couper en julienne.

7. Coupez la moitié des lotus égouttés en petits éventails. Ajoutez-les au sushimeshi tiède, ainsi que les graines de sésame, la moitié des pois gourmands, les crevettes en petits morceaux et la moitié du kohada. Mélangez le tout délicatement à l'aide d'une spatule.

8. Transférez le tout dans un grand plat creux ou répartissez dans quatre assiettes. Arrangez par-dessus les garnitures restantes ainsi que la julienne d'omelette et les œufs de saumon. Parsemez le tout de pétales de chrysanthème et servez, accompagné de gingembre au vinaigre.

K O D O M O N O H I N O C H I R A S H I Z U S H I

Chirashizushi pour la fête des jeunes garçons

POUR 4 PERSONNES

15 feuilles de shiso
3 cuil. à soupe de shibazuke
(ou 2 cuillerées à soupe de yukari)
40 g de gingembre au vinaigre
3 cuil. à soupe de graines
de sésame grillées

POUR LE SUMESHI

55 cl de riz japonais
55 cl d'eau
1 carré de kombu de 5 cm
de côté
5 cuil. à soupe de vinaigre
de riz japonais
2 cuil. à soupe de sucre
1 cuil. à café de sel

POUR LA CUISSON DES ANGUILLES

2 anguilles grillées « kabayaki »
surgelées, décongelées
3 cuil. à soupe de saké

POUR LE CONCOMBRE

1 concombre
1 cuil. à café de sel

POUR LES FINES OMELETTES

2 œufs
1 cuil. à soupe de sucre
1 pincée de sel
Huile végétale

POUR SERVIR

Quelques feuilles de nori

1. Préparez le *sumeshi* comme indiqué à la page 134.
2. Mettez les anguilles dans une poêle avec le saké. Couvrez et cuire à feu doux pendant 10 minutes. Transférez sur une planche et coupez en petits morceaux.
3. Épluchez le concombre (une rangée sur deux), fendez-le en deux dans le sens de la longueur et ôtez les pépins à l'aide d'une cuillère. Tranchez le plus finement possible. Transférez dans un saladier, ajoutez le sel et malaxez jusqu'à ce que le concombre rende toute son eau. Pressez pour égoutter.
4. Coupez en julienne les feuilles de shiso et le gingembre au vinaigre. Hachez grossièrement le shibazuke (condiment à base de concombre macéré dans la saumure et parfumé au shiso).
5. Battez les œufs dans un saladier avec le sucre et le sel. Faites cuire en plusieurs fois, dans une poêle antiadhésive huilée, comme si vous prépariez des crêpes. Superposez les fines omelettes sur une planche, puis enroulez-les pour les couper en julienne.
6. Ajoutez au sumeshi tiède les graines de sésame, les juliennes de shiso et de gingembre, le shibazuke haché, la moitié des anguilles et du concombre. Mélangez très délicatement à l'aide d'une spatule.
7. Versez le tout dans un grand plat creux ou répartissez dans quatre assiettes. Arrangez par-dessus les garnitures restantes ainsi que l'omelette en julienne.
8. Servez, parsemé de nori émietté.

Si, pour beaucoup de Japonais, le printemps est une saison à part, c'est sans aucun doute lié à la floraison des cerisiers. Le *sakura* (cerisier) est un symbole important du printemps bien sûr, mais aussi et surtout de notre identité nationale. Nous sommes donc naturellement attachés à ce gâteau enveloppé dans une feuille de cerisier au sel qui lui donne un parfum particulier. Les *sakura mochi* fleurissent dans les vitrines des pâtisseries en mars et avril. Ce n'est pas le gâteau officiel de l'*hina matsuri*, mais beaucoup en mangent à cette occasion parce que sa couleur rose pâle évoque bien l'esprit de cette fête qui met les filles à l'honneur.

SAKURA MOCHI

Gâteau de riz gluant **à la feuille de cerisier**

POUR 10 SAKURA MOCHI

150 g de farine « dômyôji »
200 ml d'eau
2 cuil. à soupe de sucre
1 goutte de colorant alimentaire rouge
200 g d'anko (pâte de haricots azuki cuits au sucre, en boîte)
10 feuilles de cerisier au sel

1. Mettez à tremper les feuilles de cerisier dans un saladier rempli d'eau froide pour les dessaler.
2. Faites chauffer l'eau, le sucre et le colorant dans une petite casserole à feu vif. Dès que l'eau bout, retirez du feu, versez en pluie la farine. Mélangez avec une cuillère en bois, couvrez et laissez reposer pendant 5 minutes.
3. Mettez la pâte dans le panier d'un cuit-vapeur doublé d'un linge humide, couvrez et faites cuire à feu vif pendant 20 minutes.
4. Transférez la pâte dans un saladier, couvrez avec un film alimentaire et laissez reposer pendant 30 minutes.
5. Divisez la pâte en dix (mouillez-vous les mains pour pouvoir manipuler la pâte facilement). Aplatissez un morceau de pâte sur la paume, posez au centre 20 g d'anko, puis ramenez les bords de la pâte par-dessus pour former une boulette ovale. Préparez ainsi dix boulettes.
6. Séchez les feuilles de cerisier à l'aide d'un linge propre. Enveloppez chaque boulette d'une feuille et servez.

* Conseil de ma mère

N'hésitez pas à croquer ce gâteau avec la feuille de cerisier. Vous verrez qu'elle a un goût surprenant !
Dômyôji est une farine granuleuse de riz gluant, cuit à la vapeur, puis séché et pilé.

Dans l'espoir que les jeunes garçons aient une vie heureuse, on enveloppe ce *mochi* dans une feuille de *kashiwa,* le chêne japonais... Tout un symbole quand on sait que cet arbre a la particularité de garder ses anciennes feuilles jusqu'à ce que les nouvelles parviennent à maturité. L'utilisation de la farine de riz *jôshinko* rend ce gâteau lisse et consistant. Contrairement au *sakura mochi,* que l'on mange avec la feuille de cerisier, le *kashiwa mochi* se déguste sans la feuille de chêne, qui n'est pas comestible. Elle donne néanmoins un petit parfum délicat à ce gâteau simple et masculin.

KASHIWA MOCHI

Gâteau de riz
à la feuille de chêne

POUR 8 KASHIWA MOCHI

120 g de farine jôshinko
10 cl d'eau bouillante
50 g de farine shiratamako
3 cuil. à soupe d'eau
150 g d'anko (pâte de haricots azuki cuits au sucre, en boîte)
8 feuilles de chêne

1. Rincez, puis faites blanchir les feuilles de chêne dans de l'eau bouillante pendant 2 minutes. Laissez refroidir dans un saladier d'eau froide. Séchez sur un torchon.
2. Divisez la pâte d'anko en huit morceaux, roulez-les pour former huit boulettes.
3. Versez la farine jôshinko dans un saladier, versez par-dessus l'eau bouillante. Mélangez avec une paire de baguettes (ou une fourchette !) puis, lorsque le mélange est suffisamment refroidi, à la main, jusqu'à ce que vous obteniez une pâte homogène.
4. Tapissez le panier d'un cuit-vapeur d'un torchon humide. Posez dessus la pâte et laissez cuire à la vapeur pendant 20 minutes.
5. Versez dans un bol la farine shiratamako et les cuillerées à soupe d'eau, mélangez avec la main pour obtenir une pâte ni trop molle ni trop ferme.
6. Transférez sur le plan de travail la pâte de jôshinko enveloppée dans le torchon. Frappez la pâte à travers le torchon pendant 5 minutes, à l'aide d'un pilon. Puis ôtez le torchon et mettez la pâte dans un saladier rempli d'eau froide. Laissez-la refroidir jusqu'à ce qu'elle devienne malléable.
7. Remettez la pâte sur le plan de travail. Ajoutez la pâte de shiratamako et pétrissez l'ensemble pour obtenir une pâte lisse et homogène. Divisez-la en huit morceaux.
8. Humidifiez-vous les mains, prenez un morceau de pâte et formez une boulette ovale plus épaisse d'un côté que de l'autre. Posez une boule d'anko sur le côté le plus fin puis rabattez l'autre côté (on obtient une demi-lune). Fermez le bord en pinçant les pâtes. Préparez ainsi huit gâteaux.
9. Tapissez le panier d'un cuit-vapeur d'un torchon humide. Placez dessus les gâteaux et faites cuire à la vapeur pendant 10 minutes. Puis versez sur les gâteaux un verre d'eau froide pour leur donner de la brillance.
10. Enveloppez chaque gâteau dans une feuille de chêne. Laissez refroidir avant de déguster.

FÊTES PERSONNELLES

Pour célébrer des événements personnels, mariage, naissance, réussite scolaire ou professionnelle, les Japonais ont coutume de déguster certains plats traditionnels comme les sushi ou l'anguille grillée. Pour ces grandes occasions, beaucoup de mes compatriotes s'offrent du bœuf, mais pas n'importe quel bœuf : le bœuf « wagyû », une race locale élevée de manière artisanale. Massages réguliers, musique classique, bière mélangée à l'eau… tout est fait pour choyer l'animal et lui éviter le moindre stress. Résultat : sa chair marbrée, ultra-fondante, est un pur délice !

L'*osekihan* ou le « riz rouge » est, depuis fort longtemps, LE plat de célébration au Japon. Toutes les occasions sont bonnes pour préparer ce riz gluant délicatement teinté par les haricots azuki, dont la couleur rouge est réputée chasser les mauvais esprits.
Alors que j'étais sur le point d'accoucher de mon fils aîné, ma mère a débarqué à Paris, sa valise pleine de riz gluant et de haricots azuki ! Pour fêter la naissance, elle nous a alors préparé le traditionnel *osekihan* et m'a appris à cette occasion que les haricots azuki stimulent la montée de lait !

OSEKIHAN

Riz gluant aux haricots rouges

POUR 4 PERSONNES

3 tasses de riz gluant
(environ 500 g)
1/3 de tasse de haricots azuki
(environ 80 g)
1 cuil. à soupe de sucre
1 cuil. à café de sel

POUR SERVIR

Gomashio

1. Mettez les haricots azuki dans une casserole. Couvrez d'eau et portez à ébullition. Écumez et laissez frémir une vingtaine de minutes, jusqu'à ce que les haricots soient à peu près cuits.
2. Rincez le riz gluant dans plusieurs eaux, puis égouttez-le.
3. Égouttez les haricots en conservant une tasse et demie d'eau de cuisson.
4. Placez le riz gluant dans une plus grande casserole, puis laissez-le tremper dans l'eau de cuisson des haricots pendant au moins 1 heure.
5. Ajoutez le sucre et le sel au riz gluant et faites-le chauffer sur feu vif, en tournant délicatement avec une spatule en bois. Arrêtez la cuisson dès que le riz a complètement absorbé le liquide.
6. Mettez à chauffer un cuit-vapeur avec beaucoup d'eau. Dès que l'eau bout, étalez le riz dans le panier tapissé d'un linge humide. Disposez dessus les haricots azuki. Couvrez d'un autre linge humide (si le linge du dessous est suffisamment grand, vous pouvez le rabattre pour couvrir le riz et les haricots), fermez le couvercle et laissez cuire à feu vif pendant 45 minutes. N'oubliez pas de vérifier de temps en temps s'il reste suffisamment d'eau.
7. Dégustez l'osekihan chaud ou à température ambiante, parsemé de gomashio.

Enfant, je n'appréciais guère les sushi maison aux légumes. Un jour pourtant, je devais avoir 12 ou 13 ans, j'ai aidé ma mère à préparer des *futomaki* à l'épinard et à l'œuf. Je me souviens d'avoir écrit dans mon journal intime ce jour-là : « Les *futomaki* de maman avaient le goût de la gentillesse ». Depuis, je me suis mise à apprécier les sushi végétariens maison.

FUTOMAKI

Futomaki **végétarien**

POUR 4 FUTOMAKI

POUR LE SUMESHI

55 cl de riz japonais
55 cl d'eau
1 carré de kombu de 5 cm de côté
5 cuil. à soupe de vinaigre de riz japonais
2 cuil. à soupe de sucre
1 cuil. à café de sel

POUR LES GARNITURES

4 œufs
2 cuil. à soupe de sucre
2 pincées de sel
1 cuil. à soupe d'huile végétale
300 g d'épinards
1/2 tasse de dashi (le dashi, la sauce soja et le mirin ne figurent pas dans la recette)
2 cuil. à soupe de sauce soja
1 cuil. à soupe de mirin
5 grandes feuilles de nori

POUR ROULER LES MAKI

1 *makisu*, sorte de natte en bambou (à défaut, une feuille de papier sulfurisé)

POUR SERVIR

Sauce soja
Wasabi
Gingembre au vinaigre

1. Préparez le *sumeshi* comme indiqué à la page 134.
2. Cassez les œufs dans un saladier et battez-les avec le sucre et le sel. Faites cuire à l'huile dans une petite poêle carrée (spéciale omelette japonaise) en couche épaisse, en tournant à mi-cuisson. Vous pouvez aussi cuire les œufs au four préchauffé à 180 °C, dans un moule à gâteau carré (20 x 20 cm) huilé et doublé d'un papier sulfurisé pendant 15 minutes.
3. Transférez l'omelette sur une planche et coupez-la en longs bâtonnets.
4. Rincez et égouttez les épinards. Faites-les blanchir dans une grande casserole d'eau bouillante salée pendant 3 minutes. Rafraîchissez-les dans un saladier d'eau froide, puis pressez-les avec les mains pour extraire le maximum d'eau. Formez quatre bottes.
5. Posez le *makisu* sur un plan de travail propre, placez dessus une feuille de nori. Disposez en plusieurs endroits l'équivalent de 150 g de *sumeshi*, puis étalez-le du bout des doigts sur toute la surface du nori, en laissant 1 cm en bas et 2 cm en haut.
6. Disposez ensuite en ligne et légèrement plus bas que le milieu les bâtonnets d'omelette ainsi qu'une botte d'épinard sur toute la longueur du riz. À l'aide du *makisu*, enroulez le riz, l'omelette et les épinards dans le nori, en serrant bien. Laissez le *makisu* enroulé autour pendant 2 minutes avant de faire un autre futomaki.
7. Coupez les futomaki en huit, et servez-les, accompagné de la sauce soja, du wasabi et du gingembre au vinaigre.

Inari est le *kami* (divinité) des céréales. Pour le remercier ou faire le vœu d'une bonne récolte, on prépare ce sushi tout simple enveloppé dans une poche de tôfu frit. Pourquoi du tôfu frit ? Parce que c'est censé être la nourriture favorite du renard, le messager d'Inari. Dans l'Est du Japon, l'*inarizushi* est ovale et prend la forme d'un sac de riz (*komedawara*) en paille tissée. Dans l'Ouest, il est triangulaire et évoque les oreilles du renard ! Dans les deux cas, la farce reste très simple. Du *sumeshi* nature ou mélangé à des petits plus comme des graines de sésame, des algues hijiki ou du gingembre.

Inarizushi

POUR 16 INARIZUSHI

8 tôfu frits (abura-age)
20 cl d'eau
8 cl de sauce soja
100 g de sucre
1 cuil. à soupe de mirin

POUR LE SUMESHI

55 cl de riz japonais
55 cl d'eau
1 carré de kombu de 5 cm de côté
5 cuil. à soupe de vinaigre de riz
2 cuil. à soupe de sucre
1 cuil. à café de sel
6 cuil. à soupe de graines de sésame grillées

POUR SERVIR

Gingembre au vinaigre

1. La veille, préparez les tôfu frits. Coupez-les en deux pour faire deux carrés ou deux triangles. Ouvrez-les pour faire des poches, en prenant soin de ne pas les déchirer.
2. Portez à ébullition une casserole d'eau et faites blanchir les tôfu frits pendant 2 à 3 minutes. Égouttez.
3. Versez dans une casserole l'eau, la sauce soja, le sucre et le mirin. Portez à ébullition, puis ajoutez les tôfu frits bien égouttés. Laisser mijoter à feu moyen pendant une vingtaine de minutes. Laissez reposer dans le jus de cuisson pendant une nuit.
4. Préparez le *sumeshi* comme indiqué à la page 134, en ajoutant les graines de sésame à la fin.
5. Avec le *sumeshi*, formez seize boulettes.
6. Égouttez les tôfu frits sans trop les essorer. Farcissez-les avec les boulettes de *sumeshi*.
7. Servez, accompagné de gingembre vinaigré.

*** Conseil de ma mère**

Préparer les *abura-age* la veille,
c'est mon petit secret
pour transformer ces modestes sushi
en véritables friandises.

Pour le *inarisushi,* ma mère prépare les pochettes de tôfus frits la veille pour les laisser mariner dans leur jus de cuisson sucre-salé pendant une nuit. Le lendemain, elle les farcit de *sumeshi* simplement parfumé au sésame ou au gingembre. L'omelette sucrée et les épinards blanchis ne demandent qu'à être roulés dans le futomaki.

Shabushabu doit son nom au bruit que fait la tranche de bœuf lorsqu'elle est plongée dans le dashi chaud. Cette recette ressemble à la fondue chinoise (elle s'en est probablement inspirée), en moins relevée. Aujourd'hui, le mot shabu shabu désigne tous les plats à base de viande ou de poisson dont les tranches ultrafines sont cuites dans le dashi. Il existe même le shabu shabu froid, présenté comme une salade. Comme le dashi lui-même n'est pas assaisonné, on trempe les ingrédients cuits dans une sauce avant de les déguster. Généralement, on prépare deux sortes de sauce pour varier le goût : la sauce *gomadare,* crémeuse au sésame, et la sauce *ponzu,* rafraîchissante au *yuzu.*

SHABUSHABU

Shabu-shabu **de bœuf**

POUR 4 PERSONNES

1 grand carré de kombu
de 15 cm de côté
10 cl de saké
800 g de viande de bœuf
spéciale shabu-shabu
(dans la partie grasse comme
l'entrecôte, coupée en tranches
extrêmement fines)
1/4 de chou chinois
4 poireaux
1 botte de cresson
1 tôfu
100 g de shiitake ou d'enoki
100 g de nouilles kuzukiri
(à défaut, vermicelles chinois)

POUR LA SAUCE GOMADARE

6 cuil. à soupe de crème
de sésame japonaise ou tahini
2 cuil. à soupe de sauce soja
1 cuil. à soupe de vinaigre de riz
1 cuil. à soupe de sucre
6 cl de dashi

1. Remplissez d'eau à moitié la marmite à fondue. Trempez-y le kombu pendant 30 minutes.

2. Faites précuire les nouilles kuzukiri dans de l'eau bouillante pendant 10 minutes, jusqu'à ce qu'elles deviennent transparentes. Si vous prenez des vermicelles chinois à la place, faites-les cuire dans de l'eau bouillante pendant 5 minutes. Égouttez les nouilles, rafraîchissez-les sous l'eau froide, puis égouttez-les à nouveau.

3. Séparez les côtes et les feuilles tendres du chou chinois. Coupez les côtes en lanières et les feuilles en carrés larges. Coupez les blancs de poireau en biais, en tronçons de 3 cm. Coupez le cresson en lanières de 5 cm de longueur. Enlevez les pieds des shiitake (si vous utilisez les enoki, coupez la base de la touffe). Coupez le tôfu en huit cubes.

4. Présentez tous les ingrédients avec les tranches de bœuf sur une grande assiette.

5. Préparez les deux sauces. Pour la sauce *gomadare*, il vous suffit de mélanger tous les ingrédients. Pour la sauce *ponzu*, chauffez le mirin pour que l'alcool s'évapore, diluez dedans le dashi en granulés, puis ajoutez tous les autres ingrédients.

6. Répartissez les deux sauces dans huit coupelles. Préparez les condiments. Placez le tout sur la table.

7. Portez doucement à ébullition l'eau et le kombu. Dès que l'eau bout, retirez le kombu puis versez le saké.

8. Transférez la marmite sur le réchaud posé au centre de la table.

9. Commencez par cuire les ingrédients qui ont besoin d'une cuisson plus longue comme les côtes du chou chinois, les shiitake et les nouilles kuzukiri. Pendant qu'ils cuisent, prenez une tranche de bœuf avec vos baguettes et plongez-la dans le dashi. Une fois la viande cuite à votre goût, trempez-la dans la sauce de votre choix et accompagnez de condiments.

10. Pensez à écumer les impuretés de temps en temps pour garder le dashi clair.

POUR LA SAUCE PONZU

4 cuil. à soupe de jus de citron vert
1 cuil. à soupe de vinaigre de riz
5 cuil. à soupe de sauce soja
1 cuil. à soupe de mirin
1/4 de cuil. à café de dashi en granulés

LES CONDIMENTS POUR ACCOMPAGNER

Ciboules émincées
Daïkon épluché et râpé
Shichimi

POUR LA FONDUE

1 marmite en céramique, spéciale nabe
1 réchaud à gaz ou électrique

Le shabu-shabu et le sukiyaki sont des sortes de fondue (*nabe*) avec de la viande de bœuf débitée en tranches ultrafines. Dans le *shabushabu*, la viande et les légumes sont cuits dans un dashi, tandis que dans le *sukiyaki*, les ingrédients sont presque confits dans leur propre jus, la sauce soja et le sucre. Enfant, je préférais nettement le *sukiyaki* pour son goût riche et sucré. Aujourd'hui, je préfère le *shabushabu* que je trouve plus subtil. À vous de juger !

Le règne de la dynastie des Tokugawa, mieux connu sous le nom de période Edo, avait isolé le pays des influences étrangères pendant deux siècles. Lorsqu'il prit fin en 1867, le Japon traversa une période de transformations politiques et sociales très profondes. Le pays s'ouvrit à l'Occident. C'est dans ce contexte que le *sukiyaki* a été inventé. Pour les Japonais de l'époque, manger du bœuf était un grand pas vers l'Ouest, car sous le Shogunat Tokugawa, la consommation de viande avait été interdite. Fréquenter les restaurants qui servent le *sukiyaki* devint alors très branché ! Mais ce qu'ils n'auraient jamais imaginé, c'est que cette fondue de la nouvelle ère allait devenir l'un des plats japonais favoris des Occidentaux cent ans plus tard.

SUKIYAKI

Sukiyaki

POUR 4 PERSONNES

700 g de bœuf spécial *sukiyaki* (en fines tranches, dans l'entrecôte)
1/4 de chou chinois
4 poireaux
1 botte de cresson
1 tôfu grillé (yaki dôfu)
100 g de shiitake ou d'enoki
1 paquet de shirataki (vermicelles de konjac)
1 morceau de graisse de bœuf
4 œufs
200 g de nouilles udon

POUR LA SAUCE WARISHITA

10 cl de dashi
10 cl de mirin
10 cl de sauce soja
5 cl de saké
2 cuil. à soupe de sucre

POUR LA FONDUE

1 marmite en fonte appelée *sukiyaki nabe* (à défaut, 1 cocotte ou 1 moule à gâteau en fonte)
1 réchaud à gaz ou électrique

1. Séparez les côtes et les feuilles tendres du chou chinois. Coupez les côtes en lanières et les feuilles en carrés larges. Coupez les blancs de poireau en biais, en tronçons de 3 cm. Coupez le cresson en lanières de 5 cm de longueur. Enlevez les pieds des shiitake (si vous utilisez les enoki, coupez la base de la touffe). Coupez le tôfu en huit cubes.

2. Faites blanchir les shirataki dans de l'eau bouillante pendant 3 minutes. Égouttez-les et rafraîchissez-les sous l'eau froide, puis égouttez-les à nouveau. Coupez-les en lanières de 10 cm de longueur.

3. Préparez la sauce warishita en versant tous les ingrédients dans une casserole à feu vif pour faire fondre le sucre. Transférez dans un pichet.

4. Présentez les légumes, les cubes de tôfu, les shirataki et les tranches de viande sur un grand plat que vous posez près du réchaud. Répartissez les œufs crus dans quatre coupelles.

5. Mettez à chauffer la marmite en fonte sur le réchaud. Faites fondre la graisse de bœuf et commencez par faire griller quelques tranches de viande et des tronçons de poireau.

6. Versez la moitié de la sauce warishita, puis mettez à cuire les ingrédients de votre choix. Selon le goût, on peut casser l'œuf dans la coupelle et y tremper les morceaux de viande et de légume. Si le jus de cuisson devient trop salé, ajoutez un peu de dashi ou d'eau. S'il devient fade, ajoutez davantage de warishita.

7. Ajoutez pour finir les nouilles udon précuites pour les réchauffer dans le bouillon restant et dégustez.

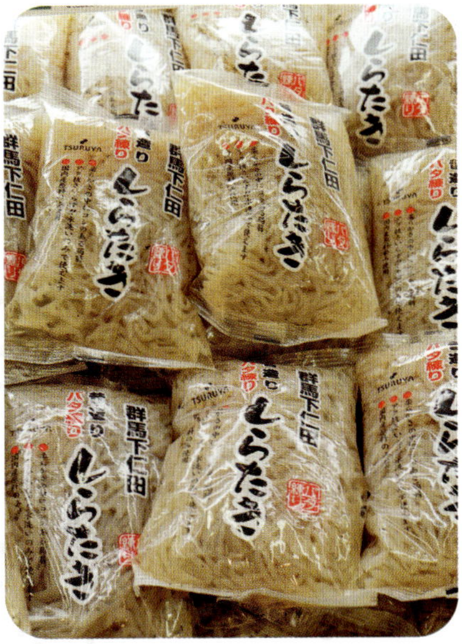

SOUVENIRS D'ENFANCE

IL M'ARRIVE RÉGULIÈREMENT DE PENSER AUX REPAS QUE MA MÈRE ME PRÉPARAIT LORSQUE J'ÉTAIS ENFANT. J'EN ÉPROUVE UNE CERTAINE NOSTALGIE. CUISINER LES RECETTES DE MA MÈRE, C'EST RETROUVER UNE PART D'ENFANCE ET PERPÉTUER MES RACINES.

BENTÔ

Le *bentô* est pour la mère de famille japonaise une préoccupation quotidienne. Sa confection implique de se lever très tôt le matin pour avoir le temps de préparer le riz et les *okazu*, les accompagnements, avant que les enfants ne partent à l'école. Ce *bentô* maison que les enfants découvrent avec délice à la pause déjeuner n'a rien à voir avec un pique-nique à la française. D'ailleurs, la première fois que j'ai pique-niqué avec des amies en France, j'ai eu un véritable choc en découvrant la nourriture que mes amies sortaient en vrac de leurs sacs. Du coup, j'osais à peine ouvrir mes boîtes à *bentô*, dans lesquelles j'avais joliment disposé de nombreuses préparations maison, et mes onigiri. Je me sentais ridicule d'avoir passé autant de temps à confectionner mon repas. Bien sûr j'ai eu un succès fou, mais je me suis bien gardée de renouveler cette expérience. Mes *bentô*, je les réserve à mes enfants pour qu'ils connaissent le même plaisir que moi enfant, celui de découvrir ce qu'il y a dedans... Ce moment est aussi délicieux que le *bentô* lui-même !

Tamagoyaki, littéralement « œuf grillé », n'est pas comme son nom l'indique un simple œuf grillé. Au contraire, c'est l'une des recettes d'omelette les plus sophistiquées, sa particularité étant de cuire les œufs en plusieurs fois en fines couches que l'on enroule les unes dans les autres. *Tamagoyaki*, c'est un peu notre madeleine à nous. Celui que ma mère me confectionnait était jaune comme un poussin et sucré comme un gâteau, sans la moindre marque de grillé. Aujourd'hui, je dois admettre que je le trouve trop sucré, mais pas mes enfants ! Alors, il m'arrive de faire des *tamagoyaki* sans sucre, parfumés au dashi.

AMAYAKI TAMAGO

Tamagoyaki sucré
pour les enfants

Cette recette est très facile car elle ne demande pas de cuire les œufs en plusieurs couches. Je crois que ma mère l'a inventée en préparant un matin nos *bentô* à toute vitesse, avant que nous partions à l'école. Elle est à mi-chemin de l'omelette classique, un *tamagoyaki*, et d'un gâteau roulé.

POUR 1 TAMAGOYAKI

3 œufs
2 cuil. à soupe de sucre
1 pincée de sel
1/2 cuil. à soupe d'huile végétale
1 poêle rectangulaire
de préférence

*** Conseil de ma mère**

Seulement assaisonné de sucre et de sel, c'est un *tamagoyaki* enfantin. Pour qu'il soit réussi, il est important de garder l'intérieur un peu mollet (sans être coulant) et de ne pas faire griller l'extérieur. Si vous aimez la sauce soja, vous pouvez en ajouter un trait.

1. Cassez les œufs dans un saladier, ajoutez le sucre et le sel et battez avec une paire de baguettes.
2. Chauffez l'huile dans une poêle à feu moyen et versez les œufs. Mélangez, toujours avec vos baguettes, comme si vous faisiez des œufs brouillés.
3. Lorsque l'omelette est prise sans être cuite à sa surface, pliez-la en cinq. Baissez le feu pour que vous puissiez plier tranquillement votre *tamagoyaki* sans le griller.
4. Mettez le *tamagoyaki* sur une planche et laissez refroidir avant de le découper en tronçons.

C'est la recette de *tamagoyaki* à la manière de Kyoto, avec beaucoup de dashi. Pour qu'il ait une forme parfaite, une poêle rectangulaire spéciale (en fonte ou en cuivre de préférence) est nécessaire.

DASHIMAKI TAMAGO

Tamagoyaki **au dashi**

POUR 1 TAMAGOYAKI

3 œufs
7 cl de dashi
1 cuil. à café de sauce soja claire
2 pincées de sel
1 cuil. à soupe d'huile végétale
1 poêle rectangulaire

POUR SERVIR

10 cm de daïkon
1 trait de sauce soja

* Conseil de ma mère

Le secret d'un bon *dashimaki tamago* est de le cuire dans une poêle bien chaude pour obtenir des alvéoles harmonieuses. Il est important également de ne pas trop battre les œufs, pour qu'ils gardent leur texture. Contrairement au *tamagoyaki* sucré, celui-ci peut se manger légèrement grillé.

1. Battez les œufs avec le dashi, la sauce soja et le sel.
2. Chauffez bien la poêle, huilez le fond à l'aide d'un papier absorbant.
3. Versez un quart de la préparation à l'œuf et laissez cuire sur feu moyen. Lorsque l'omelette est prise sans être cuite à sa surface, roulez-la de l'intérieur vers l'extérieur.
4. Placez le rouleau d'un côté de la poêle, huilez à nouveau le fond. Versez la même quantité d'œuf, soulevez le premier rouleau pour que les œufs cuisent sur toute la surface de la poêle, laissez prendre, puis roulez comme la première fois, mais cette fois-ci de l'extérieur vers l'intérieur.
5. Répétez encore deux fois la même opération, jusqu'à ce qu'il n'y ait plus d'œufs.
6. Transférez le tamagoyaki sur un *makisu* (sorte de natte en bambou dont on se sert pour enrouler les *maki*) ou une feuille de papier sulfurisé et enroulez-le, en serrant délicatement pour qu'il soit uniforme. Laissez-le refroidir.
7. Épluchez le daïkon et râpez-le à l'aide d'une râpe japonaise. Pressez le daïkon râpé pour extraire l'eau, et assaisonnez-le avec un trait de sauce soja.
8. Découpez le tamagoyaki en tronçons et servez, accompagné du daïkon à la sauce soja.

C'est une recette facile, aussi bonne chaude que froide. Vous pouvez remplacer les asperges par des haricots verts, des carottes en bâtonnets, des champignons (surtout les champignons enoki)...

ASUPARA NO BUTANIKU MAKI

Rouleaux d'asperge **au porc**

POUR 4 PERSONNES

1 botte d'asperges vertes
300 g de poitrine de porc, sans os ni couenne, coupée en très fines tranches
2 cuil. à soupe de saké
2 cuil. à soupe de sauce soja
Sel
Poivre

POUR SERVIR

Quartiers de citron (facultatif)

1. Coupez les queues des asperges. Si elles vous paraissent dures, épluchez-les. Coupez-les en trois.
2. Enroulez les tronçons d'asperge par deux, trois ou quatre, suivant leur calibre, autour des tranches de porc. Si vous avez du mal à les manipuler, vous pouvez les attacher avec des piques en bois.
3. Chauffez une poêle à feu moyen et posez les rouleaux, sans matière grasse, côté viande vers le bas. Lorsque ce côté est grillé et que la viande est attachée, baissez le feu et continuez la cuisson en tournant les rouleaux pour cuire toutes les faces.
4. Lorsque les rouleaux sont bien grillés, versez le saké et la sauce soja. Faites évaporer rapidement en secouant la poêle, salez et poivrez.
5. Présentez les rouleaux sur un plat de service et servez, accompagné de quartiers de citron.

*** Conseil de ma mère**

Certaines épiceries asiatiques proposent de la poitrine de porc en très fines tranches. Si vous coupez la viande vous-même, placez-la d'abord dans le congélateur pendant 1 heure.

À l'école, à l'heure du déjeuner, la socialisation entre les camarades de classe passe par les échanges de quelques éléments de son *bentô*, notamment les onigiri. Je me rappelle encore très bien de ce sentiment bizarre que j'éprouvais lorsque je disais à mes amies par politesse : « L'onigiri de ta maman est délicieux ». En vérité, chacun devait penser que les meilleurs onigiri étaient ceux de sa mère !

ONIGIRI

Boulettes de riz **farcies**

POUR 8 À 10 ONIGIRI

55 cl de riz japonais
60 cl d'eau
Sel fin
2 feuilles de nori (facultatif)
+ les garnitures de votre choix : *umeboshi* (prune séchée salée), saumon cuit émietté, thon en boîte, sardine en boîte, saucisse cocktail, etc.

1. Faites cuire le riz en suivant les indications de la page 10.
2. Préparez un petit saladier d'eau bien salée. Mouillez vos mains avec cette eau, et prenez l'équivalent d'un petit bol du riz cuit (environ 100 g). Placez au milieu la garniture de votre choix et façonnez une boulette molle sans presser le riz. Un bon onigiri ne doit surtout pas être dur.
3. Donnez une forme triangulaire à la boulette en la faisant tourner entre les paumes de vos mains en pressant légèrement.
4. Enveloppez la boulette avec une feuille de nori coupée en quatre dans le sens de la longueur.

*** Conseil de ma mère**

N'insistez surtout pas sur le façonnage de vos onigiri. Mieux vaut un onigiri moelleux sans allure qu'un dur parfaitement triangulaire.

En japonais, *furaï* signifie « pané et cuit en friture ». Ce mot vient de l'anglais *fry* (frire) mais notez que les plats *furaï* ne désignent que ceux panés à la chapelure. Rien de compliqué dans cette recette, mais pour que vos *ebi furaï* ne ressemblent pas à une simple friture de gambas : elles doivent rester droites après la cuisson. C'est d'ailleurs à cela que l'on reconnaît les restaurants japonais authentiques ! Cela ne change absolument rien au goût, mais nous les Japonais aimons les choses droites. C'est tout !

EBI FURAÏ

Gambas panées

POUR 4 PERSONNES

12 grosses gambas
4 cuil. à soupe de farine
1 œuf
1 tasse de chapelure panko
Sel
Poivre
Huile pour friture

POUR LA SAUCE TARTARE

1/2 tasse de mayonnaise
1/2 oignon rouge
3 ou 4 cornichons
3 ou 4 brins de persil plat
Vinaigre de vin ou jus de citron
Sucre
Sel
Poivre

POUR SERVIR

Quelques feuilles de salade
Quartiers de citron
Sauce Bull-Dog®

1. Commencez par préparer la sauce tartare. Hachez l'oignon, les cornichons et le persil. Mélangez-les à la mayonnaise, et ajustez l'assaisonnement avec le vinaigre ou le jus de citron, le sucre, le sel et le poivre. Réservez la sauce au réfrigérateur.

2. Décortiquez les gambas, en ne gardant que les queues. Placez une gamba sur une planche et coupez le bout de la queue. Avec la pointe d'un couteau, écrasez la partie centrale de la queue pour enlever l'eau. Faites quatre ou cinq incisions peu profondes et en biais sur la chair côté ventre pour couper les nerfs. Aplatissez la gamba avec la paume (vous devez entendre des petits craquements) pour qu'elle soit droite. Faites de même avec les autres.

.../...

.../...

3. Salez et poivrez les gambas préparées. Passez-les dans la farine, l'œuf battu, puis dans la chapelure panko. Vous pouvez les paner deux fois si vous voulez réaliser des *ebi furaï* plus volumineux.

4. Chauffez l'huile de friture à 180 °C. Faites frire les gambas par quatre ou cinq suivant la taille de votre friteuse, en les tournant deux ou trois fois. Dès qu'elles sont dorées, déposez-les sur papier absorbant.

5. Servez chaud, accompagné de sauce tartare ou/et de sauce Bull-Dog®, de quartiers de citron et d'une salade verte.

* Conseil de ma mère

La chapelure panko est indispensable pour réussir les fritures panées à la japonaise. On en trouve dans les épiceries asiatiques, mais la préparer soi-même n'est pas compliqué : il suffit de passer du pain de mie (industriel de préférence) au mixer.

YÔSHOKU, LES PLATS D'INFLUENCE ÉTRANGÈRE

Curieusement, ce ne sont ni les sushi ni les tempura de mon enfance qui me manquent le plus. Ce sont plutôt des recettes typiques du *yôshoku*, les mets japonais librement inspirés des plats occidentaux. Avec la chute du régime Édo et l'arrivée de l'ère Meiji, le Japon sortit enfin de son isolement. Cette ouverture à l'Ouest eut pour conséquence l'apparition de restaurants proposant des plats en sauce, des fritures... mais toujours servis avec du riz ! Cette influence occidentale amusait ma mère, qui essayait de refaire les recettes qu'elle avait eu l'occasion de goûter !

La Chine aussi a une place importante dans notre histoire familiale. Mes grands-parents paternels avaient vécu en Mandchourie de 1907 à 1945, mon père y avait grandi jusqu'à l'âge de 8 ans. Si bien que lorsque ses petits camarades d'école japonais mangeaient des onigiri, lui se régalait de brioches au porc ou de galettes aux ciboules !

Toutes ces influences ont marqué notre table familiale.

オブヤ
要冷蔵
10℃以下

En dehors du tempura, la friture très en vogue actuellement, il existe de nombreux plats frits dans la cuisine japonaise. Il y a notamment les *katsu* et les *furaï*, qui sont en réalité des plats panés. On trouve dans cette catégorie le *tonkatsu* (porc pané), le *kushikatsu* (brochette panée) ou l'*ebi furaï* (gambas panées) qui, pour ma génération, sont synonymes de friture, alors que le tempura a une image plus vieillotte. Le mot *menchi* vient de *minced*, « haché » en anglais. C'est un *katsu* économique à la viande hachée.

MENCHI KATSU

Croquettes **à la viande hachée**

1. Épluchez et hachez l'oignon. Mouillez la mie de pain avec le lait.
2. Mettez dans un saladier la viande hachée, l'oignon, un œuf, la mie de pain, la muscade, le sel et le poivre. Mélangez à la main tous les ingrédients.
3. Formez huit boulettes. Roulez-les dans la farine, dans l'œuf battu, puis dans la chapelure panko.
4. Faites chauffer l'huile à 160 °C dans la friteuse et faites frire les boulettes deux par deux en tournant de temps en temps, jusqu'à ce qu'elles soient dorées. Égouttez sur un papier absorbant.
5. Servez les *menchi katsu* chauds, accompagnés du chou émincé et des sauces Bull-Dog® et Worcestershire que vous mélangez à votre goût.

POUR 4 PERSONNES

600 g de viande hachée, de préférence du porc et du bœuf mélangés
1 gros oignon
2 œufs
50 g de mie de pain
3 cuil. à soupe de lait
1 pincée de noix de muscade râpée
1/2 cuil. à soupe de sel
1/2 cuil. à café de poivre moulu
1/2 tasse de farine
1 tasse de chapelure panko
Huile pour friture

POUR SERVIR

1/4 de chou blanc émincé très finement
Sauce Bull-Dog®
Sauce Worcestershire

Le *hayashi raisu* est l'un des plats phares de la cuisine *yôshoku*, souvent concurrencé par le *kare raisu*, le curry japonais. Le *hayashi raisu* est la probable interprétation du *hached beef with rice* bien qu'un tel plat n'existe pas dans les pays anglo-saxons (*a hash* en anglais désignerait une sorte de purée à base de viande hachée, qui n'a rien à voir avec notre *hayashi raisu*). Qu'importe, pour moi, c'est l'un des plats de ma mère dont je me souviens avec nostalgie.

HAYASHI RAISU

Sauté de bœuf au riz

POUR 4 PERSONNES

2 tranches de faux-filet
2 cuil. à soupe de farine
3 oignons
1 gousse d'ail
20 g de beurre
1 cuil. à soupe d'huile végétale
1 verre de vin rouge
1 cuil. à soupe bombée de sucre
Sel
Poivre
Ketchup

POUR LA SAUCE BRUNE

1 branche de céleri
1/2 oignon
1/2 carotte
20 g de beurre
3 cuil. à soupe de farine
1 feuille de laurier
200 g de coulis de tomate
1 cuil. à café de vinaigre de vin rouge
1 cuil. à soupe de sauce Worcestershire
1 cuil. à soupe de sauce soja
Sel
Poivre

POUR SERVIR

Riz japonais cuit

1. Préparez d'abord la sauce brune. Hachez le céleri, l'oignon et la carotte, et faites-les revenir dans une casserole avec le beurre pendant 15 minutes à feu moyen, jusqu'à ce qu'ils soient légèrement colorés. Versez la farine et continuez à cuire pour la brunir. Ajoutez le reste des ingrédients et laissez mijoter pendant 20 minutes. Retirez la feuille de laurier et passez le tout au mixer.

2. Coupez les tranches de faux-filet en fines lamelles. Salez et poivrez, puis farinez-les. Épluchez les oignons, émincez-les en lamelles de 5 mm d'épaisseur. Épluchez l'ail et hachez-le.

3. Chauffez une grande poêle avec l'huile et le beurre à feu vif, et faites revenir les lamelles de faux-filet en remuant régulièrement. Lorsqu'elles sont colorées, retirez-les. Ajoutez si nécessaire un peu de beurre ou d'huile, et faites revenir les oignons jusqu'à ce qu'ils deviennent translucides. Ajoutez l'ail, remettez la viande et mélangez.

4. Versez le vin rouge et portez à ébullition en grattant le fond à l'aide d'une cuillère en bois. Faites réduire des deux tiers, puis versez la sauce brune. Laissez mijoter pendant 5 minutes.

5. Chauffez le sucre dans une petite poêle pour le faire fondre, puis le caraméliser. Allongez avec un peu d'eau et ajoutez au mélange précédent.

6. Ajustez l'assaisonnement avec le sel, le poivre, mais aussi la sauce soja, la sauce Worcestershire ou le ketchup, et servez avec du riz.

*** Conseil de ma mère**

Pour les plats *yôshoku,* on utilise souvent de la sauce anglaise Worcestershire et du ketchup pour donner une touche occidentale. Ne laissez pas mijoter trop longtemps ce plat pour garder les oignons légèrement croquants.

C'est un plat « à la chinoise » que les Japonais adorent. Chez nous, le *gyôza* était une véritable affaire de famille. Ma grand-mère préparait elle-même les feuilles de ravioli, en découpant la pâte à base de farine et d'eau à l'aide du couvercle de la boîte de thé. Après sa mort, ma mère a pris le relais, en y apportant des petits changements. Sa farce contient plus de légumes que de viande, contrairement à celle de ma grand-mère. Comme le *gyôza* est un plat assez complet (viande, légume et farine), il constituait chez nous un repas à lui seul. Étant donné le nombre de bouches à nourrir (nous étions six), il en fallait vraiment beaucoup, et du coup, toute la famille se mettait à sa confection. Ces moments passés en cuisine sont un excellent souvenir.

GYÔZA

Raviolis grillés **à la chinoise**

POUR 4 PERSONNES

350 g de porc haché
1/3 de chou chinois
1 botte de ciboule
1 botte de nira (ciboule plate)
1 gousse d'ail
3 cm de gingembre frais
1 cuil. à soupe de sauce soja
1 cuil. à soupe de sauce d'huître
1/2 cuil. à soupe de saké
1 cuil. à soupe d'huile de sésame
1/2 cuil. à soupe de sel
3 paquets de feuilles
de ravioli chinois
3 cuil. à soupe d'huile végétale

POUR SERVIR

Sauce soja
Vinaigre de riz
Huile pimentée chinoise (*lâyu*)
Shichimi

1. Hachez les côtes et les feuilles du chou chinois et placez-les dans un saladier. Ajoutez le sel, mélangez et laissez dégorger pendant que vous préparez le reste.

2. Mettez le porc haché dans un autre saladier et versez la sauce soja, la sauce d'huître, le saké et l'huile de sésame. Mélangez à la main tous les ingrédients.

3. Hachez les ciboules, le nira, l'ail et le gingembre. Ajoutez-les au porc et mélangez.

4. Pressez le chou chinois pour l'essorer et ajoutez à la farce. Mélangez.

5. Préparez une coupelle d'eau. Posez une feuille de ravioli sur une paume et disposez dessus une cuillerée à café bombée de farce. Mouillez les bords avec les doigts que vous avez trempés dans l'eau, puis fermez en faisant des petits plis de chaque côté. Recommencez l'opération jusqu'à ce que vous n'ayez plus de farce.

6. Chauffez une poêle en fonte jusqu'à ce qu'elle commence à fumer. Laissez refroidir quelques secondes avant de verser trois cuillerées à soupe d'huile. Alignez les raviolis, puis remettez sur feu moyen et faites cuire pendant 5 minutes.

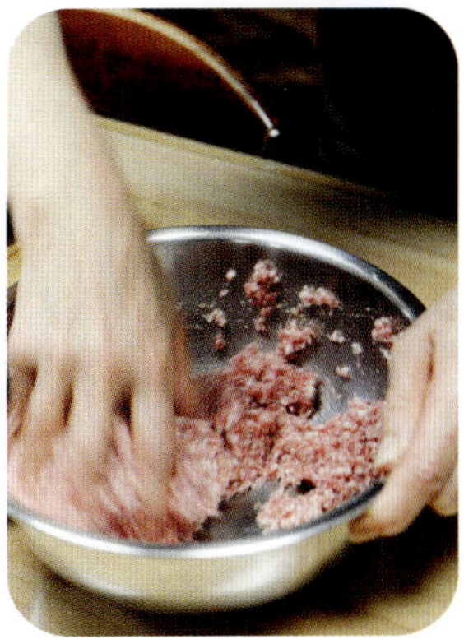

7. Mouillez d'eau au tiers, couvrez et continuez la cuisson à feu doux pendant 10 minutes.

8. Ôtez le couvercle, montez le feu au maximum pour que l'eau restante s'évapore.

9. Sortez les raviolis à l'aide d'une spatule en bois et disposez-les sur un plat, côté grillé vers le haut.

10. Servez, accompagné de sauce soja, de vinaigre de riz, d'huile pimentée chinoise et de shichimi que vous mélangez à votre goût.

*** Conseil de ma mère**

Les feuilles de ravioli toutes prêtes sont bien pratiques, mais si vous avez du temps, je vous recommande de les faire vous-même. Il suffit de préparer une pâte à base de farine ordinaire et d'eau.

Que le *râmen* ait de plus en plus de succès auprès des étrangers enchante les Japonais, mais les embarrasse aussi car c'est une imitation des nouilles chinoises. Ce qui est sûr, c'est que le râmen est l'un des plats préférés des Japonais. Cette recette se prépare en deux temps. On commence par faire mijoter la poitrine de porc, qui deviendra la garniture (châshû) tout en donnant un délicieux bouillon pour le râmen.

RÂMEN

Nouilles à la chinoise

POUR 4 PERSONNES

1 kg de poitrine de porc désossée
Le vert de 1 poireau
5 ou 6 lamelles de gingembre (avec la peau) frais
1 gousse d'ail dans sa chemise
2 ou 3 anis étoilés (facultatif)
1 cuil. à café de poivre noir en grains
50 cl de bière

POUR ASSAISONNER LA POITRINE

5 cuil. à soupe de sauce soja
2 cuil. à soupe de saké
2 cuil. à soupe de sucre

POUR ASSAISONNER LE BOUILLON

4 à 6 cuil. à soupe de sauce soja
Poivre noir moulu

POUR SERVIR

4 nids de nouilles chinoises (fraîches ou sèches)
1 blanc de poireau ou quelques brins de ciboule
4 petits carrés de nori
1 poignée d'épinards, de mange-tout ou de pousses de soja blanchis

1. Roulez et ficelez la poitrine de porc. Vous pouvez demander à votre boucher de le faire. Gardez les os si possible.

2. Placez la poitrine et les os dans une grande casserole, couvrez d'eau froide et portez à ébullition. Égouttez puis rincez sous un filet d'eau.

3. Remettez la poitrine et les os dans la casserole, couvrez-les à nouveau d'eau froide. Ajoutez le poireau, le gingembre, l'ail, l'anis étoilé, le poivre et la bière. Portez à ébullition, écumez, puis laissez mijoter à feu doux sans couvrir pendant 1 heure. La poitrine doit être très tendre.

4. Filtrez le bouillon en mettant la poitrine de côté.

5. Dans une casserole juste à la taille de la poitrine, portez à ébullition la sauce soja, le saké et le sucre. Ajoutez la poitrine, puis laissez réduire le jus en remuant pour que la poitrine soit laquée sur toute sa surface.

6. Faites chauffer le bouillon, assaisonnez-le de sauce soja et de poivre moulu. Gardez au chaud.
7. Émincez finement le blanc de poireau ou les ciboules. Coupez la poitrine en tranches fines.
8. Portez une casserole d'eau à ébullition. Faites cuire les nouilles al dente, égouttez-les dans une passoire.
9. Répartissez les nouilles dans quatre grands bols à soupe, couvrez-les de bouillon. Décorez avec les tranches de porc, le poireau émincé, le légume de votre choix et les carrés de nori. Servez sans attendre.

L'une des spécialités sucrées de ma mère est la gelée. Un jour, elle a eu l'idée d'en faire une à la fraise, et cela a été une vraie réussite. Mais elle n'a jamais pu par la suite la réussir aussi bien, malgré ses nombreuses tentatives. Trop dure, trop molle, pas assez concentrée ou trop. Depuis, c'est devenu un jeu de préparer la gelée à la fraise et de se dire : « Tu te rappelles de ta première gelée à la fraise ? Comme elle était bonne ? » C'est ce que nous avons encore fait cette fois-ci !

ICHIGO ZERI

Gelée à la fraise

POUR 4 PERSONNES

1 barquette de fraises (gariguette, mara des bois ou fraises du jardin)
1 citron
40 g de sucre
4 feuilles de gélatine (6 g environ)

POUR SERVIR

Crème fraîche
Feuilles de menthe

1. Rincez les fraises et équeutez-les. Pressez le jus du citron. Laissez tremper les feuilles de gélatine dans un saladier d'eau froide.
2. Passez les fraises au mixer avec le sucre pour faire une purée. Transvasez dans un saladier, rectifiez le goût si nécessaire en ajoutant du jus de citron et du sucre.
3. Essorez les feuilles de gélatine et placez-les dans un bol. Faites fondre au bain-marie.
4. Ajoutez un peu de purée de fraise à la gélatine fondue et mélangez. Incorporez au reste de la purée de fraise et mélangez rapidement.
5. Répartissez dans plusieurs coupelles que vous placez au réfrigérateur pendant plusieurs heures pour faire prendre la gelée.
6. Renversez les gelées sur les assiettes et servez, accompagné de quelques feuilles de menthe et de crème fraîche.

*** Conseil de ma mère**

J'aime les gelées à peine prises. Si vous préférez une texture plus dense, augmentez la quantité de gélatine.

Le kanten ou l'**agar-agar** est utilisé depuis très longtemps au Japon dans les préparations salées ou sucrées. Lorsqu'un diététicien a démontré sur un plateau de télévision les vertus amincissantes de ce produit gélifiant à base d'algue amakusa, l'agar-agar est devenu à la mode. Ma mère, qui fait partie de cette « kanten mania », l'utilise aujourd'hui pour préparer certaines de ses gelées.

KÔHÎ KANTEN PAFÉ

Coupe agar-agar **au café**

POUR 4 PERSONNES

250 ml de café corsé
150 ml d'eau
2 g d'agar-agar en poudre
4 cuil. à soupe de sucre
200 ml de crème liquide entière
1 cuil. à soupe de rhum
50 g d'amandes effilées

1. Dans une casserole, versez l'eau et l'agar-agar. Portez à ébullition, en tournant avec un petit fouet. Laissez bouillir pendant 1 minute.

2. Hors du feu, versez le café et trois cuillerées à soupe de sucre, et mélangez. Versez le liquide dans un bac, laissez refroidir un peu, puis mettez au réfrigérateur environ 1 heure pour qu'il prenne.

3. Versez la crème dans un saladier et battez-la à l'aide d'un fouet pour la monter en chantilly molle. Incorporez le sucre restant et le rhum.

4. Écrasez la gelée en petits morceaux avec une fourchette.

5. Faites griller à sec les amandes effilées dans une poêle.

6. Répartissez la gelée dans quatre coupelles. Couvrez avec la crème fouettée, parsemez le tout d'amandes effilées et servez.

Table des recettes

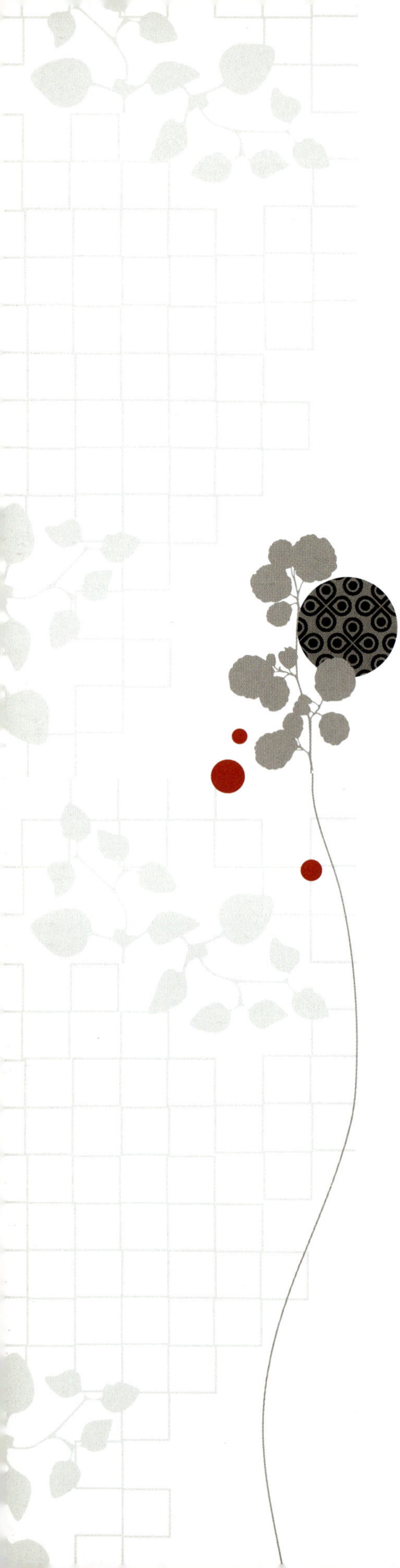

Remerciements

Kaori Endo

Je remercie tout particulièrement :

Akiko Terayama sans qui la réalisation de ce livre aurait été difficile.

Masashi Koyama, Yu Terayama, et les commerçants de Karuizawa : le primeur SHIRAISHI, la boucherie FUJITA, la maison de thé AZUMAYA, et le supermarché TSURUYA.

Ma mère Kiyoko et mon père Kanki Endo qui m'ont donné le goût pour la bonne cuisine familiale.

Les Éditions de La Martinière – Atelier Saveurs, et en particulier Aurélie Aminian.

Charles Lopez qui m'a soutenue, m'a donnée le courage.

Et enfin, un grand merci à JAL.

Iris L.Sullivan

Je remercie Kiyoko Endo pour son accueil et sa délicieuse cuisine qui a été le moteur de ce projet ainsi que Takashi Endo pour sa discrète gentillesse.

Je tiens à remercier tout particulièrement Kanki Endo pour son soutien attentif, sa bienveillance, sa grande générosité, ses marques d'amitiés ainsi que pour les superbes et matinales promenades en forêt escortée par ses chiens !

Merci à Akiko Terayama de m'avoir accueillie chez elle, dans la maison des bois pendant mon séjour à Karuizawa. Merci à elle d'avoir si généreusement mis à ma disposition son cadre familier, cette maison unique avec ses objets et sa merveilleuse collection de vaisselle qui m'ont permis de réaliser les photos de ce livre dans les meilleures conditions possibles, et de m'avoir donné l'occasion de travailler dans la superbe lumière qui baigne son lieu. J'y ai découvert sa poésie, son art de vivre, sa disponibilité.

Merci à Masashi pour sa convivialité, pour les délicieux dîners dans ses restaurants et pour son aide précieuse à Karuizawa et à Tokyo.

Merci à Yu de m'avoir reçue chez elle à Tokyo et de m'avoir fait découvrir quelques nouveaux lieux dans cette merveilleuse ville qui me tient tant à cœur.

Merci à Mughi, la délicate. Sans elle, il manquerait quelque chose à cette expérience japonaise. Ce livre garde les traces de nos promenades pluvieuses et amicales dans les rizières des environs de Kyoto…

Un très grand merci à Florence Lécuyer et Aurélie Aminian pour leur soutien indéfectible ainsi qu'à Laurence Maillet talentueuse graphiste et Marie-Hélène Lafin pour son œil irremplaçable… Sans elles, ce livre ne serait pas ce qu'il est…

Et merci à la compagnie JAL grâce à qui, il est devenu réalité.

Département éditorial Art de vie

Conception graphique
et réalisation : Laurence Maillet

Connectez-vous sur : editionsdelamartiniere.fr
instagram : @lamartiniere.cuisine

ISBN : 978-2-7324-9254-4

Photogravure : Quadrilaser

Achevé d'imprimer en septembre 2019
Sur les presses de l'imprimerie DZS
Dépôt légal : novembre 2019
Imprimé en Slovénie